Klausurtraining

Uwe Johnson

Ingrid Babendererde. Reifeprüfung 1953

Von Anna Osterhus

Ernst Klett Verlag
Stuttgart · Leipzig

Zitate im Text beziehen sich auf folgende Ausgabe:
Uwe Johnson: Ingrid Babendererde.
Reifeprüfung 1953.
Frankfurt am Main: Suhrkamp 1995
ISBN 978-3-518-11817-7

Verfasser der Seiten 45–48 (Epische Grundbegriffe):
Jörg Ulrich Meyer-Bothling

So funktioniert der Online-Code:

Musterlösung
Musterklausur 2
9uy88c

Die kompletten Lösungen zu den Musterklausuren 2 und 3 finden Sie als Datei unter www.klett.de.

Bitte geben Sie den angegebenen Online-Code einfach in das Suchfeld ein.
Das Herunterladen des Downloads dauert nur wenige Sekunden.

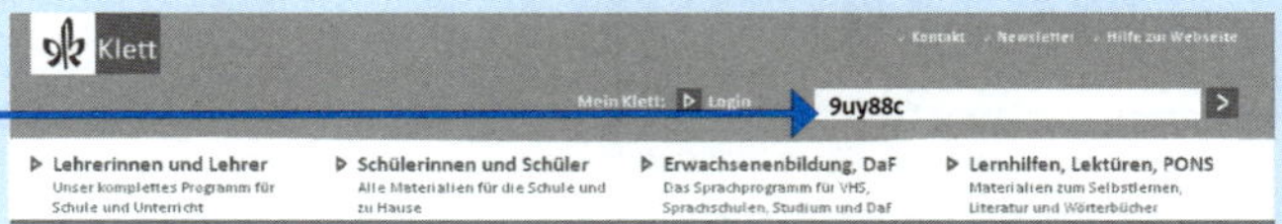

Bildquellen

17.3 CC-BY-SA-4.0 (Quelle: Es geschah im Juni 1953. Fakten und Daten, Bundesminister fuer Gesamtdeutsche Fragen, Bonn/Berlin 1966, S. 19/Grafik: Bundeszentrale für politische Bildung 2013 www.bpb.de), Mountain View; **17.4** gemeinfrei; **33** gemeinfrei

Sollte es in einem Einzelfall nicht gelungen sein, den korrekten Rechteinhaber ausfindig zu machen, so werden berechtigte Ansprüche selbstverständlich im Rahmen der üblichen Regelungen abgegolten.

1. Auflage 1 5 4 3 2 1 | 20 19 18 17 16

Alle Drucke dieser Auflage sind unverändert und können im Unterricht nebeneinander benutzt werden.
Die letzte Zahl bezeichnet das Jahr dieses Druckes.

Redaktion: Pia Elfert, Leipzig; Dominik Loogen
Herstellung: Nadine Burghard, Carina Riehl
Layoutkonzeption: Kai Twelbeck, Stuttgart
Umschlaggestaltung: Projektteam des Verlages auf Grundlage der Gestaltungskonzeption Petra Michel, Essen
Umschlaggrafik: einzigwahres – Anika Marquardsen, Berlin
Satz: Marion Rackwitz, Paulinenaue
Reproduktion: Meyle + Müller Medien-Management, Pforzheim
Druck: Medienhaus Plump, Rheinbreitbach

Printed in Germany
ISBN 978-3-12-352536-0

9 783123 525360

Liebe Schülerinnen und Schüler,

Das vorliegende Heft bietet ein Intensivprogramm für alle, die sich schnell, aber gründlich auf eine Klausur zu Uwe Johnsons „Ingrid Babendererde. Reifeprüfung 1953“ vorbereiten möchten – sei es nun eine Klausur im laufenden Schuljahr oder die Abiturprüfung.
Im Unterschied zu anderen Übungsheften konzentriert sich das Klausurtraining „Ingrid Babendererde. Reifeprüfung 1953“ auf eine der „Pflichtlektüren“ des niedersächsischen Zentralabiturs und trainiert anhand von Johnsons Roman drei mögliche Aufgabentypen, die im Abitur des Landes Niedersachsen vorkommen können:

- vergleichende Analyse von literarischen Texten
- materialgestütztes Verfassen informierender Texte
- Analyse eines Sachtextes mit anschließender Erörterung

Das Heft ist in drei Teile gegliedert:

Teil I: Klausurtraining (S. 4)
Die drei Aufgabentypen werden schrittweise und systematisch anhand einer Beispielklausur erarbeitet. Jeder Durchgang durch eine Klausur ist in sich abgeschlossen und kann gesondert durchlaufen werden. Am Ende steht jeweils eine Musterklausur.
Die Erarbeitung der drei Klausuren erfolgt in jeweils sechs Arbeitsschritten, die sich – je nach Aufgabenart – geringfügig unterscheiden. Mögliche Arbeitsergebnisse der einzelnen Arbeitsschritte und ihrer Teilschritte erscheinen im Heft farbig unterlegt – als Hinweis für Sie, wie Ihre Aufzeichnungen und Notizen aussehen könnten.

Teil II: Interpretation (S. 32)
Dieser Teil enthält eine knappe, auf die wesentlichen Gesichtspunkte konzentrierte Interpretation des Romans „Ingrid Babendererde. Reifeprüfung 1953“. Sie ist systematisch nach den Aspekten gegliedert, die für die Erschließung epischer Texte von Bedeutung sind. Hier können Sie Ihre Kenntnisse des Romans auffrischen und sich noch einmal über die Interpretationsergebnisse informieren, die für die Bearbeitung von (Abitur)Klausuren unentbehrlich sind.
Am Ende eines jeden größeren Abschnittes sind die wichtigsten Inhalte zusammengefasst – ideal zum raschen Wiederholen.

Teil III: Zum Umgang mit epischen Texten (S. 43)
Die letzten Seiten sind zum Heraustrennen und Falten gedacht – für das Lernen unterwegs. Hier können Sie einmal die bei Klausuren geforderten Basiskompetenzen sowie die bei der Analyse von Prosatexten nötigen Grundbegriffe der Prosatextanalyse nachschlagen.

Zum Schluss wünschen wir Ihnen gutes Gelingen bei der Arbeit mit diesem Heft sowie bei Ihren Klausuren und in der Abiturprüfung viel Erfolg!

Musterklausur 1

Thomas Mann: Buddenbrooks (1901)

Der Roman „Buddenbrooks“ von Thomas Mann erschien in der Erstausgabe im Jahr 1901 und gilt als einer der erfolgreichsten Romane Manns. Der Roman zeichnet die Familiengeschichte der hanseatischen Kaufmannsfamilie Buddenbrook über mehrere Generationen nach (18. bis Ende 19. Jh.). Hanno gehört der vierten und letzten Generation an und ist der letzte verbleibende Erbe der über die Generationen hinweg immer weiter verfallenen Familiendynastie. Hanno leidet unter dem Erwartungsdruck seines Vaters, der möchte, dass er die Familiengeschäfte übernimmt. Hanno hingegen ist sehr sensibel und eher kränklicher Natur. Seine Leistungen in der Schule entsprechen den Anforderungen häufig nicht und er zählt auch wegen seines zarten Wesens zu den Außenseitern der Schulgemeinschaft. Trost findet Hanno in der Musik, im Theater und in der Freundschaft mit seinem Mitschüler Kai Graf Mölln, der sich, wenn auch auf eine deutlich offensivere Art, ebenso von seinen Mitschülern unterscheidet und wie Hanno in der Schulgemeinschaft als Sonderling gilt. Kai und Hanno unterstützen sich gegenseitig bei Problemen und versuchen, den Schulalltag gemeinsam zu meistern:

„Siehe, da kommt der liebe Gott!“, sagte Kai. „Er lustwandelt in seinem Garten.“

„Ein netter Garten“, sagte Hanno und geriet ins Lachen. Er lachte nervös und konnte nicht aufhören, hielt sein Taschentuch vor den Mund und blickte darüber hinweg auf den, welchen Kai als den „lieben Gott“ bezeichnet hatte.

Es war Direktor Wulicke, der Leiter der Schule, der auf dem Hofe erschienen war: ein außerordentlich langer Mann mit schwarzem Schlapphut, kurzem Vollbart, einem spitzen Bauche, viel zu kurzen Beinkleidern und trichterförmigen Manschetten, die stets sehr unsauber waren. Er ging mit einem Gesicht, das vor Zorn beinahe leidend aussah, schnell über die Steinfliesen, indem er mit ausgestecktem Arme auf die Pumpe wies … Das Wasser floß! Eine Anzahl Schüler lief vor ihm her und überstürzte sich, dem Schaden dadurch abzuhelfen, daß sie die Leitung schlossen. Aber auch dann standen sie noch lange und betrachteten mit verstärkten Gesichtern abwechselnd die Pumpe und den Direktor, der sich an den mit rotem Antlitz herbeigeeilten Doktor Goldner gewandt hat und mit tiefer, dumpfer und bewegter Stimme auf ihn einsprach. Seine Rede war mit brummenden und unartikulierten Lippenlauten durchsetzt …

Dieser Direktor Wulicke war ein furchtbarer Mann. Er war der Nachfolger des jovialen und menschenfreundlichen alten Herrn, unter dessen Regierung Hannos Vater und Onkel studiert hatten, und der bald nach dem Jahre einundsiebzig gestorben war. Damals war Doktor Wulicke, bislang Professor an einem preußischen Gymnasium, berufen worden, und mit ihm war ein anderer, ein neuer Geist in die alte Schule eingezogen. Wo ehemals die klassische Bildung als heiterer Selbstzweck gegolten hatte, den man mit Ruhe, Muße und fröhlichem Idealismus verfolgte, da waren nun die Begriffe Autorität, Pflicht, Macht, Dienst, Carrière zu höchster Würde gelangt, und der „kategorische Imperativ unseres Philosophen Kant“ war das Banner, das Direktor Wulicke in jeder Festrede bedrohlich entfaltete. Die Schule war ein Staat im Staate geworden, in dem preußische Dienststrammheit so gewaltig herrschte, daß nicht allein die Lehrer, sondern auch die Schüler sich als Beamte empfanden, die um nichts als ihr Avancement und darum besorgt waren, bei den Machthabern gut angeschrieben zu stehen …

Bald nach dem Einzug des neuen Direktors war auch unter den vortrefflichsten hygienischen und ästhetischen Gesichtspunkten mit dem Umbau und der Neueinrichtung der Anstalt begonnen und alles aufs Glücklichste fertig gestellt worden. Allein es blieb die Frage, ob nicht früher, als weniger Komfort der Neuzeit und ein bißchen mehr Gutmütigkeit, Gemüt, Heiterkeit, Wohlwollen und Behagen in diesen Räumen geherrscht hatte, die Schule ein sympathischeres und segenvolleres Institut gewesen war …

Was Direktor Wulicke persönlich betraf, so war er von der rätselhaften, zweideutigen, eigensinnigen und eifersüchtigen Schrecklichkeit des alttestamentarischen Gottes. Er war entsetzlich im Lächeln wie im Zorne. Die ungeheure Autorität, die in seinen Händen lag, machte ihn schauerlich launenhaft und unberechenbar. Er war imstande, etwas Scherzhaftes zu sagen und fürchterlich zu werden, wenn man lachte. Keine seiner zitternden Kreaturen wußte Rat, wie man sich ihm gegenüber zu benehmen habe. Es bliebt nichts übrig, als ihn im Staub zu verehren und durch eine wahnsinnige Demut vielleicht zu verhüten, daß er einen nicht dahinraffe in seinem Grimm und nicht zermalme in seiner Gerechtigkeit …

Der Name, den Kai ihm gegeben hatte, wurde nur von ihm selbst und Hanno Buddenbrook gebraucht, und sie hüteten sich, ihn vor den Kameraden laut werden zu lassen, aus Scheu vor dem starren und kalten Blick des Unverständnisses, den sie so wohl kannten … Nein, es gab nicht einen Punkt, in dem diese beiden sich mit ihren Genossen verstanden. Es war ihnen sogar eine Art von Opposition und Rache fremd, an der die Anderen sich genügen ließen, und sie mißachteten die üblichen Spottnamen, weil ein Humor daraus sprach, der sie nicht berührte und sie nicht einmal zum Lächeln brachte. Es war so billig, so nüchtern und unwitzig, den dünnen Professor Hückopp „die Spinne“ und Oberlehrer Ballerstedt „Kakadu“ zu nennen, eine so armselige Schadloshaltung für den Zwang des Staatsdienstes! Nein, Kai Graf Mölln war ein wenig bissiger! Für seine und Hannos Person hatte er den Brauch eingeführt, von den Lehrern nur vermittels ihres richtigen bürgerlichen Namens unter Hinzufügung des Wortes „Herr“ zu sprechen: „Herr Ballerstedt“, „Herr Mantelsack“, „Herr Hückopp“… Das ergab gleichsam eine ablehnende und ironische Kälte, eine spöttische Distanz und Fremdheit … Sie sprachen vom „Lehrkörper“ und amüsierten sich während ganzer Pausen damit, sich ein wirklich vorhandenes Geschöpf, eine Art von Ungeheuer von widerlicher Gestaltung darunter vorzustellen. Und sie sprachen im Allgemeinen von der „Anstalt“ mit einer Betonung, als handele es sich um eine solche wie die, in der Hannos Onkel Christian sich aufhielt …

Aus: Thomas Mann: *Buddenbrooks. Verfall einer Familie.* 54. Aufl., Frankfurt am Main 2004, S. 721–723.

Aufgabenstellung:

1. Interpretieren Sie den vorliegenden Textauszug unter besonderer Berücksichtigung der Darstellung des „Direktor Wulicke“.
2. Vergleichen Sie die Darstellung mit der des Direktor Siebmann aus Uwe Johnsons Roman „Ingrid Babendererde. Reifeprüfung 1953“. Beziehen Sie dabei Ihr Wissen zum Zeitkontext der beiden Textausschnitte mit ein.

1. Erstes Überfliegen des Textes – Aufgabenstellung erfassen ⟶ **2.** ⟶ **3.** ⟶ **4.** ⟶ **5.** ⟶ **6.**

Überfliegen Sie den Romanausschnitt und versuchen Sie, sich einen ersten Eindruck vom Text zu verschaffen.

Wer	►	zentrale Figur/en
erlebt/erzählt	►	Erzählform, Erzählweise
in welcher Situation	►	Ort/Zeit/Handlung
was	►	erzähltes Geschehen
mit **wem** / über **wen**?	►	weitere Figuren

Formulieren Sie anschließend eine oder mehrere Verstehenshypothesen.

- Direktor Wulicke ist als Schulleiter unbeliebt und gefürchtet.
- Hanno und Kai nehmen die Schule negativ wahr. Sie gehen ironisch mit den Gegebenheiten um.
- Die Schule kritisieren sie (und der Erzähler) als „Staat im Staate" (Gesellschaftskritik).
- Die Schule ist (Ende 19. Jahrhundert) ein lebensfeindlicher Ort (Beschreibung der Zustände, Reaktionen von Lehrern und Schülern).

Lesen Sie jetzt die Aufgabenstellung genau. Achten Sie dabei besonders auf die Arbeitsanweisungen (Operatoren) sowie vorgegebene Analyseaspekte.

Der Aufgabenteil besteht aus zwei Aufgaben, die sich in drei Teilaufgaben trennen lassen. Die **erste Teilaufgabe** (Aufgabe 1) verlangt mit dem Operator „interpretieren", dass Sie im Anschluss an eine kurze (!) Inhaltswiedergabe des Textes und die Formulierung einer Interpretationshypothese den Text aspektorientiert (Figuren, Erzähler/Erzählweise, Aufbau, sprachliche Elemente usw.) und mit besonderem Augenmerk auf der Darstellung einer Figur (Direktor Wulicke) untersuchen und zu einer abschließenden Interpretationsaussage gelangen.
Die **zweite Teilaufgabe** (Aufgabe 2) knüpft an die Beantwortung der ersten Aufgabe an und setzt deren Interpretationsergebnisse voraus. Sie sind aufgefordert, im Vergleich Gemeinsamkeiten und Unterschiede zwischen zwei Figuren herzustellen: Direktor Wulicke aus dem vorliegenden Textauszug und Direktor Siebmann aus dem Roman „Ingrid Babendererde. Reifeprüfung 1953" von Uwe Johnson.
Die **dritte Teilaufgabe** (Aufgabe 2) fordert Sie dazu auf, die Darstellung beider Figuren in den zeitlichen Kontext zu setzen und vor dessen Hintergrund zu bewerten.

1. → **2. Text aspektorientiert untersuchen** → 3. → 4. → 5. → 6.

Teilschritt: Inhaltssicherung (→ 1. Teilaufgabe)

Lesen Sie den Textausschnitt genau und gliedern Sie ihn in sinnvolle Abschnitte.

Die Inhaltssicherung und Textgliederung dient der Übersicht über den gesamten Text. Sie können sie dazu nutzen, Aspekte für die Analyse in einem ersten Schritt festzuhalten und Ihre Interpretation zu strukturieren.

Zeile 14-17: Gespräch zwischen Kai und Hanno auf dem Schulhof. Vergleich Wulickes mit Gott (Garten, Paradieserzählung Altes Testament)
Zeile 18-27: Beschreibung von Wulickes Äußerem und kurze Schilderung seines Verhaltens zur Charakterisierung.
Zeile 28-45: Vergleich Wulickes mit dem vorherigen Direktor. Charakterisierung Wulickes als furchtbaren Menschen, der über die Maßen streng und autoritär erscheint. Beschreibung der Neuerungen in der Schule nach dem Direktorenwechsel. Schüler und Lehrer fühlen sich gleichermaßen unwohl.
Zeile 46-53: Rückgriff auf Zeile 1-4, Erklärung der Benennung Wulickes als „Gott" und Vergleich mit dem alttestamentarischen Gottesbild.
Zeile 54-70: Erklärung für die Namen, die Hanno und Kai ihren Lehrern geben. Charakterisierung der beiden Jungen und indirekte Beschreibung des Verhältnisses zwischen Schülern und Lehrern einerseits und Schülern und Schule andererseits (Lehrkörper/Anstalt).

Teilschritt: Figurendarstellung untersuchen (→ 1. Teilaufgabe)

Hanno und Kai

- Außenseiter (Z. 9, 55–57). Sowohl Scheu vor den Mitschülern als auch bewusste Distanzierung durch die Verwendung eines eigenen Codes für die Bezeichnung der Lehrer und der Schule
- Hanno nervös (Z. 15)
- Kai eher der Anführer im Duo; er benennt die Lehrer und wird als „ein wenig bissiger" Z. 63 (mutiger?) charakterisiert
- Freundschaft in der gemeinsamen Opposition (Z. 9–13)

Direktor Wulicke

- *Äußeres:* sehr groß, unpassend gekleidet (unsauber, zu kurze Kleidung, Schlapphut) (Z. 19 ff.), tiefe und dumpfe Stimme, brummende Laute, unartikuliert (Z. 26 f.) = Insgesamt negative Attribute. Unsympathische Erscheinung
- *Charakterzüge:* wütend, zornig und launenhaft (Z. 21, 48 f.), streng, autoritär (Z. 34 ff.: Pflicht, Macht, Dienst), preußische Tugenden (Pflichtbewusstsein, Staat im Staate, Beamtentum), unberechenbar (Z. 49)
- *Vergleich mit Gott:* Gott des Alten Testaments; Paradieserzählung (Z. 14–17), in der Gott durch den Garten Eden wandelt (sein Reich, Herrscher, allwissend); „rätselhaften, zweideutigen, eigensinnigen und eifersüchtigen Schrecklichkeit" (Z. 46 f.). Lehrer und Schüler haben Angst (Z. 36) und wissen nicht, wie man mit ihm umgehen kann (Z. 50)
- Wird als Herrscher charakterisiert, der die Schule regiert. Begriffe, die für den Staat gebraucht werden, werden auf sein Verhalten übertragen (Z. 29: Regierung, Z. 38: Beamte; Z. 39: Machthaber)

Teilschritt: Erzählweisen untersuchen (→ 1. Teilaufgabe)

Die Erzählweise beeinflusst die Perspektive, aus der der Leser das Geschehen und die Figuren wahrnimmt. Daher spielt in einer Interpretation immer auch die Frage eine Rolle, auf welche Weise von etwas oder jemandem erzählt wird.

✎ Welche Erzählweise liegt hier vor? Welche Erzählperspektive wird gewählt? Wie wirkt sich die Erzählweise auf die Figurendarstellung aus?

Erzählform/-perspektive

- Hauptsächlich auktoriale Erzählweise. Der Erzähler kennt die Figuren, berichtet über ihren Alltag, wertet aber auch direkt oder ironisiert.
- Teilweise aber auch personales Erzählen, wenn z.B. aus Hannos Sicht über sein Innenleben berichtet wird (Z. 15 f.).
- Wirkung: Leser solidarisiert sich unter Umständen mit Hanno/Kai und übernimmt deren Sicht auf den Direktor.

Leserbeeinflussung

- Der Erzähler beeinflusst die Wahrnehmung der Figuren auch durch Wertungen; der Direktor wird als „furchtbarer Mann" bezeichnet; die Kontrastierung zwischen alter und neuer Schule enthält positive/negative Wertungen und Ironie; der Erzähler stellt Entwicklungen in Frage (Z. 42).

Erzählzeit/erzählte Zeit

- Erzählzeit und erzählte Zeit unterscheiden sich. Die erzählte Zeit (Zeitdauer, über die erzählt wird) umfasst einen Augenblick auf dem Schulhof (Z. 14–27).

Die Erzählzeit (Dauer, die die Erzählung an sich benötigt) ist länger, da die Informationen über den Direktor und die Schule zusätzlich erzählt werden. Dies entspricht einem allwissenden Erzähler (Stanzel). Er ergänzt die geschilderte Situation um Hintergrundinformationen und Einschätzungen zu den Figuren.

Teilschritt: Sprachliche Gestaltung untersuchen (→ 1. Teilaufgabe)

Die sprachliche Gestaltung wird hier isoliert betrachtet, hängt aber natürlich eng mit der Erzählweise zusammen und beeinflusst ebenso die Figurendarstellung. Es ist also ratsam, in der Klausur diesen Bereich mit den anderen Aspekten zu verknüpfen. Es reicht nicht aus, sprachliche Merkmale einfach zu benennen. Es ist immer auch ihre Funktion im Text und ihre Wirkung auf den Leser zu deuten.

Benennen Sie sprachliche Mittel und analysieren Sie ihre Funktion/Wirkung.

Sprachliche Beobachtung	*Funktion im Text*
- Vergleich „lieber Gott" (Z. 14) - Vergleich „alttestamentarischer Gott" und Bedeutungsübertragung (Z. 46–53)	- Anspielung auf die Bibel und die Attribute, die Gott als Herrscher über das Paradies / als wütenden, zornigen Gott des AT charakterisieren. Ironische Überhöhung der Figur
- Aufzählung vieler Adjektive (Z. 18–20 und Z. 46 f.)	- Figurenmerkmale; schneller Überblick über äußere Gestalt und Charaktermerkmale Wulickes; Figur tritt lebendig hervor. - Verstärkung der negativen Darstellung durch Häufungen
Wertungen/Kontrastierung: - Wulicke „furchtbar"; alter Direktor „jovial" und „menschenfreundlich" (Z. 28 f.) - „neuer Geist in die alte Schule" (Z. 32); „heiterer Selbstzweck", "Ruhe, Muße und fröhlicher Idealismus" (Z. 33) vs. „Autorität, Pflicht, Macht, Dienst [...]" (Z. 34)	- Gegenüberstellung von alt und neu, wobei das Neue (das landläufig dem Alten vorgezogen wird) negativ bewertet und an die Person Wulickes gebunden wird.
Ironie: - „vortrefflichsten hygienischen und ästhetischen Gesichtspunkten" (Z. 40 f.) - „Komfort der Neuzeit" (Z. 43) - „Anstalt" (Z. 41)	- negative Bewertung der Neuerungen; Leserlenkung und -beeinflussung - Schule als „Irrenanstalt", in der die Insassen unzurechnungsfähig sind
Wortfeld: - „rätselhaft", „zweideutig", „eigensinnig", „entsetzlich", „ungeheuer", „schauerlich", „unberechenbar", „fürchterlich" (Z. 46 f.)	- Verstärkung der Atmosphäre und Stimmung, die die Figur Wulicke hervorruft

Teilschritt: Interpretationsansatz formulieren (→ 1. Teilaufgabe)

Im Anschluss an Ihre Analyse des Textes sollten Sie Ihre Ergebnisse zu einem Interpretationsansatz zusammenfassen. Hierbei ist es auch sinnvoll, die Interpretationshypothesen, die Sie zu Beginn entwickelt haben, gedanklich schon einmal zu überprüfen.

Fassen Sie Ihre Ergebnisse kurz und bündig zusammen.

1. Der Textauszug schildert die Atmosphäre in der Schule als einengend und bedrückend. Die „Anstalt" wird von den Schülern als schrecklicher und durch Pflicht, Autorität und strenge Disziplin gekennzeichneter Ort beschrieben, der einem Staat gleichkommt, in dem man als obrigkeitshöriger Beamter Dienst leisten muss.
2. Die negative Wahrnehmung der Schule hängt wesentlich mit dem neuen Direktor zusammen. Seine Person beeinflusst das Verhalten von Lehrern und Schülern und die Lernatmosphäre.
3. Der Direktor wird als autoritärer, launischer Mensch dargestellt, vor dem man sich fürchten muss. In seiner äußeren Gestalt, aber auch in seiner Haltung und der Wahrnehmung seiner Person durch andere, verbinden sich alle negativen Eigenschaften zu einem Gesamtbild, das einem grausamen Herrscher gleichgestellt wird. Alle Beschreibungen dienen der Herausstellung seiner negativen Eigenschaften.
4. Der Direktor steht exemplarisch für die Zeit. In der Kritik an der Schule wird auch eine Art Gesellschaftskritik deutlich (Staat, Herrschaft usw.).

1. → 2. → **3. Eine vergleichende Analyse erarbeiten** → 4. → 5. → 6.

Teilschritt: Kurze Inhaltsrekapitulation zum Vergleichsroman (→ 2. Teilaufgabe)

Die zweite Teilaufgabe bezieht sich auf den Ihnen bekannten Text. Da Sie aber auch für einen Leser verständlich bleiben müssen, der diesen anderen Text möglicherweise nicht kennt, empfiehlt es sich, dem Figurenvergleich eine sehr kurze Inhaltsangabe des zweiten Textes voranzustellen.

Benennen Sie Autor, Titel und Erscheinungsjahr und fassen Sie den Inhalt knapp zusammen.

- Uwe Johnson, Ingrid Babendererde. Reifeprüfung 1953, erschienen 1985
- Schilderung der letzten Schulwoche der Protagonisten Ingrid Babendererde und Klaus Niebuhr vor dem Abitur (der Reifeprüfung), deren Ereignisse im Zusammenhang der Auseinandersetzungen der Freien Deutschen Jugend mit der Jungen Gemeinde dazu führen, dass die Protagonisten aus der DDR nach Westberlin fliehen.

Teilschritt: Figurendarstellung vergleichen (→ 2. Teilaufgabe)

Da Sie Direktor Wulicke in Aufgabe 1 bereits dargestellt haben, ist es sinnvoll, zunächst die Figur des Direktor Siebmann und die Schule in Johnsons Text zu erfassen, und diese dann den Eigenschaften Direktor Wulickes gegenüberzustellen.

Benennen Sie Eigenschaften Siebmanns. Beschreiben Sie, wie er von den anderen Figuren im Roman (Ingrid, Klaus, Jürgen, Lehrer) wahrgenommen wird.
Benennen Sie Gemeinsamkeiten und Unterschiede zwischen Wulicke und Siebmann.

Siebmann
- Vermischung von staatlicher und schulischer Macht durch die Ämter (Schulleiter/ Parteivorsitzender); kann als Direktor auch politisch agieren (S. 90)
- Neu als Leiter der Schule und relativ jung (S. 159)
- Ehemals Leiter eines Internats, das er „in eine selbständige Grundeinheit der Freien Deutschen Jugend" überführte (S. 160).
- Wirkt durch diese Jugendlichkeit vertrauenerweckend (S. 87); „viel Wichtigkeit und Anspruch des Auftretens" (ebd.) schaffen jedoch Distanz zu den Schülern.
- Begrüßung mit „Freundschaft" (üblich in Parteikreisen, S. 159) und das Duzen der Schüler bringen diese gegen ihn auf.
- Spitzname Pius (Papstname, vgl. rel. Herrscher und Schulleiter) (S. 86)
- Ironisierung durch die Darstellung seiner abgehackten und komisch wirkenden Redeweise (S. 87)
- Schüler reagieren mit Langeweile auf ihn. (S. 87f.)
- Würdiger, junger Mann „in seinem überaus geordneten hellbraunen Anzug" (S. 89)
- Macht, gewaltig; Symbol: zwei Telefone, Mikrofon im Büro
- Kontrast zwischen Auftreten und privatem Leben: öffentlich und politisch für sozialistische Gleichheit eintretend, legt Siebmann in seinem Privatleben viel Wert auf Luxus (Anzüge, Villa, prächtige Hochzeit, eleganter Kinderwagen). (S. 162f.)

Schule an sich
- Auch bei Johnson „Anstalt" (S. 88)
- „Schulegefühl" = Unbehagen, Unwohlsein, Langeweile (vgl. bspw. S. 734)
- Monotonie und gleiche Strukturen (bspw. Klassenbuchszenen S. 2/103/716)

Vergleich mit Wulicke

a) *Gemeinsamkeiten:*
- Beide sind noch neu an der Schule.
- Beide werden ironisch als „würdige Männer" bezeichnet und so in Wahrheit als „unwürdig" charakterisiert.
- Beide spiegeln auch die staatlichen/politischen Verhältnisse wider; Siebmann noch deutlicher als Symbol für den sozialistischen Staat angesehen werden als Wulicke für den Staat des 19. Jahrhunderts.
- Auch Siebmann wird in ironischer Distanzierung „Herr Direktor" (Klaus, S. 169) genannt; sowohl bei Johnson als auch bei Mann drücken die Schüler so ihre Missbilligung aus.

b) *Unterschiede*
- Äußere Erscheinung (ungepflegter Wulicke vs. ordentlicher Siebmann)
- Verhalten: jähzorniger, älterer, autoritärer, herrischer vs. verbindlich und jugendlich wirkender, subtil Macht ausübender ordentlicher Mann
- Wulicke steht zwar in der Tradition seines Staates, steht aber mehr für den Konflikt der Schüler mit der Vätergeneration als Siebmann, der mit seiner politischen Funktion gleichzeitig auch Staatsvertreter ist.

Teilschritt: Zeitkontexte einbeziehen (→ 3. Teilaufgabe)

Hier geht es darum, kurz darzustellen, wie sich die jeweiligen Zeitumstände auf die Darstellung der Figuren auswirken. Bleiben Sie jedoch fokussiert und schweifen Sie nicht mit langwierigen historischen Exkursen ab, die nicht zum Aufgabenthema gehören und den zeitlichen Rahmen der Klausur sprengen würden.

Beschreiben Sie kurz den Kontext der beiden Romane. Wie zeigt sich dieser Kontext in den beiden zu vergleichenden Figuren? Sind die beiden Direktoren „Kinder ihrer Zeit"?

Uwe Johnson – Ingrid Babendererde. Reifeprüfung 1953; Siebmann

- Vertreter des Staates gleichzeitig auch in der Schule (Ämter)
- Politische Anschauungen gehen in den Unterricht ein. Staat bestimmt Schulinhalte und -abläufe.
- DDR-Sozialismus und Parteiorganisation werden auf die Schule übertragen.
- Politische Zugehörigkeit entscheidet über Schulabschluss.
- Zwang zur politischen Stellungnahme

Thomas Mann – Buddenbrooks; Wulicke

- staatliche Strukturen spiegeln sich in der Haltung der Personen (Autorität, Pflicht, Macht, Dienst) wider, keine direkte politische Einflussnahme.
- Preußische Tugenden („preußische Dienststrammheit", Textauszug Zeile 24) werden auch in der Schule gefordert; Kritik daran, dass diese Tugenden den Schulalltag beeinflussen

1. → 2. → 3. → **4. Gliederung erstellen** → 5. → 6.

Erstellen Sie vor dem Schreiben einer Klausur immer eine Gliederung. Die Gliederung sollte die in der Analyse und Interpretation erarbeiteten Ergebnisse sinnvoll strukturieren und in eine der Aufgabenstellung entsprechende Form bringen. Sie dient während des Schreibens der Orientierung und hilft Ihnen dabei, Ihre Argumente und Interpretationsansätze logisch aufeinander folgen zu lassen. Denken Sie daran, die einzelnen Teile des Aufsatzes mit Überleitungen zu verbinden, um einen inhaltlichen Zusammenhang zu gewährleisten („Dadurch ...", „Damit ...", „Darüber hinaus", „Ebenso ...", „Im Gegensatz ...", „Des Weiteren zeigt sich ...").

1. Teilaufgabe:

Einleitung

- Texttitel/Textausschnitt, Autor, Jahr, Textthema
- Interpretationshypothese
- Kurze Inhaltswiedergabe des vorliegenden Ausschnitts: Die Schüler Hanno und Kai beobachten in der Pause den Direktor, der über den Schulhof läuft. Der Direktor und die Schule werden charakterisiert.

Hauptteil

Aspektorientierte Analyse

- Protagonisten Hanno und Kai
- Charakterisierung der Figur „Wulicke"; strukturiertes Vorgehen
  - a) Darstellung der äußeren Merkmale (Berücksichtigung von Sprache, Erzähler, Figurendarstellung)
  - b) Darstellung der Charaktereigenschaften (Berücksichtigung von Sprache, Erzähler, Figurendarstellung)
  - c) Deutung des Textauszuges mit Bezug zu den Analyseergebnissen

Schluss

- Zusammenfassung der Analyseergebnisse und Formulierung einer Interpretationsaussage für den gesamten Textauszug

2. Teilaufgabe:

Einleitung/Überleitung:

- Herstellen eines Anschlusses an Aufgabe 1 möglich: Benennung des Vergleichstextes (Johnson) unter Angabe von Autor, Jahr, Textthema
- Kurze Inhaltswiedergabe zu Johnsons Text

Hauptteil
<u>Vergleich</u>
- Darstellung der Schule bei Johnson
- Charakterisierung/Darstellung Siebmanns
  a) Entweder zunächst alleine/geschlossen und dann im Vergleich mit Wulicke oder
  b) abschnittsweise im Vergleich mit Wulicke (Ein Aspekt zu Siebmann, direkter Vergleich mit Wulicke)
- Übersichtliche Darstellung von Gemeinsamkeiten und Unterschieden

3. Teilaufgabe:
- Abschluss des Vergleichs unter Einbeziehung der Kontexte (DDR und 19.Jh.)

Schluss
- Zusammenfassung der Ergebnisse aus dem Vergleich und der Kontextbezüge, abschließende Interpretationsaussage

1. → 2. → 3. → 4. → **5. Klausur schreiben** → 6.

Schreiben Sie den Aufsatz auf der Grundlage Ihrer Vorarbeit und der Gliederung.
(Die Zwischenüberschriften dienen nur der Übersicht. In der Klausur sollten Sie sie nicht verwenden, sondern den Text sinnvoll durch Absätze gliedern.)

1. Teilaufgabe
Einleitung:
Der vorliegende Textauszug stammt aus dem Roman „Buddenbrooks. Verfall einer Familie", der von Thomas Mann verfasst und im Jahr 1901 veröffentlicht wurde. Mann beschreibt das Leben und den gesellschaftlichen Niedergang einer Kaufmannsfamilie. Der Textauszug zeigt Hanno Buddenbrook, den letzten Erben der Familiendynastie, mit seinem Freund Kai Graf Mölln in der Schulpause. Die beiden befinden sich auf dem Schulhof und beobachten Direktor Wulicke. Dieser wird in einem Konflikt mit Schülern und Lehrern dargestellt und ausführlich beschrieben. Der Schulleiter erscheint unbeliebt und gefürchtet und die Schule gegen Ende des 19.Jahrhunderts wird als lebensfeindlicher Ort dargestellt.
Hauptteil:
Die beiden Protagonisten Hanno und Kai werden in dem Textauszug nicht direkt charakterisiert. Wir erfahren, dass sie Scheu vor den anderen Mitschülern haben, sich aber auch aktiv von ihnen distanzieren (Z.55-58). Sie sind befreundet und fühlen sich in der Ablehnung ihrer Mitschüler und Lehrer, die sie (in der Zeit als unpassend geltend) als „Herr" bezeichnen (Z.64), verbunden. Wir erfahren aber auch, dass Hanno in der geschilderten Situation „nervös" (Z.2) ist und sich unwohl fühlt, wobei Kai mutiger wirkt („ein wenig bissiger", Z.62f.). Das Geschehen wird von einem Erzähler geschildert, der sowohl allwissend (auktorial) berichtet und bewertet (z.B. Z.60: „Es war so billig, so nüchtern, und unwitzig …") als auch die personale Perspektive seiner Figuren einnimmt, wenn er von Hannos Nervosität spricht. Der Leser erfährt so zum einen Details, die über das Erleben der Figuren hinausgehen und bekommt zum anderen Einblicke in deren persönliche Sicht und identifiziert sich unter Umständen mit ihnen. Die Erzählperspektive beeinflusst dementsprechend auch die Wahrnehmung des Direktor Wulicke. Nicht nur nimmt die Schilderung seiner Figur den Großteil des Textauszuges in Anspruch (die Erzählzeit ist länger als die erzählte Zeit), seine Person scheint auch großen Einfluss auf das Schulleben und -erleben der beiden Protagonisten zu haben, die ihn, wenn auch mit ironischer Distanz, als „Gott" (Z.14) bezeichnen. Wulicke wird in Zeile 18ff. äußerlich als sehr groß, unpassend gekleidet (Schlapphut, unsauber, zu kurze Beinkleider usw.) und durch eine „tiefe und dumpfe Stimme" (Z.26) und unartiku-

lierte Aussprache (Z. 27) als unangenehme Erscheinung eingeführt. Die Reaktionen der umstehenden Schüler und Lehrer, die eine fälschlicherweise laufende Pumpe zum Stillstand zu bringen versuchen (Z. 22f.), zeigen, dass sie sich vor ihm fürchten („Anzahl Schüler lief vor ihm her und überstürzte sich", Z. 22f.; „mit rotem Antlitz herbeigeeilten Doktor Goldner", Z. 25f.). Dies wird im Folgenden durch zusätzliche Informationen des auktorialen Erzählers noch verstärkt (Z. 28ff.). Wulicke wird als jähzornig, launenhaft (Z. 21, Z. 46-49), streng und autoritär (Z. 34: „Autorität, Pflicht, Macht, Dienst") dargestellt. Und obwohl er noch nicht lange an der Schule arbeitet und mit einem Neuanfang eigentlich auch ein positiver Aufbruch verbunden sein sollte, hat er sie bereits im negativen Sinn verändert(Z. 28f.). Besonders deutlich wird sein Charakter auch in dem zweimal im Text vorkommenden Vergleich mit „Gott" in Zeile 14-17 und Zeile 46-49. Der Leser kennt sicher die Passagen aus der Bibel, in denen Gott als Schöpfer des Paradieses über die Menschen herrscht. Dort ist jedoch zunächst von einem gütigen Gott die Rede, dem Wulicke nicht entspricht. Daher ist zu vermuten, dass der erste Vergleich mit dem „lieben Gott" ironisch zu verstehen ist. Wulicke entspricht dem in Zeile 46-51 geschilderten alttestamentarischen Gott, der zornig ist und von seinen Untertanen (hier Lehrer und Schüler) in seinen Handlungen nicht verstanden wird. Die Figur wird außerdem seinem namenlosen Vorgänger (Z. 28f.) gegenübergestellt, der durchweg positive Eigenschaften hat, sodass sich der negative Charakter Wulickes umso deutlicher zeigt. Zu diesem „jovialen und menschenfreundlichen alten Herrn" (Z. 28f.), der Bildung als „heitere[n] Selbstzweck" verstand, dem die Schüler mit „Ruhe, Muße und fröhlichem Idealismus" (Z. 33) nachgehen konnten, erscheint Wulicke als extremer Gegensatz. Die Schule hat sich unter seinem Einfluss zum Negativen verändert, was ironisch („Komfort der Neuzeit", Z. 43, „Anstalt", Z. 41, „unter vortrefflichsten hygienischen und ästhetischen Gesichtspunkten", Z. 40f.) vom Erzähler kommentiert wird. Die Atmosphäre an der Schule wird mit der Figur Wulicke verknüpft und sprachlich mit einer Anzahl von Adjektiven beschrieben, die alle demselben Wortfeld entstammen und mit dem schon genannten Bild des wütenden Gottes verknüpft sind: „rätselhaft, zweideutig, entsetzlich, ungeheuer, schauerlich, unberechenbar, fürchterlich" (Z. 46f.), „bedrohlich" (Z. 36), „gewaltig herrschte" (Z. 37). Schließlich wird Wulickes Auftreten auch mit politischen Aspekten, konkret dem preußischen Staat verglichen (Z. 36ff.: „Die Schule war ein Staat im Staate geworden, in dem preußische Dienststrammheit so gewaltig herrschte, dass nicht allein die Lehrer, sondern auch die Schüler sich als Beamte empfanden"). Dies kann auch als Kritik am Gesellschaftssystem und seinen Werten verstanden werden.

Schluss:

Zusammenfassend ist festzuhalten, dass der Textauszug die Schule als „Anstalt", als schrecklichen und durch Pflicht, Autorität und strenge Disziplin gekennzeichneten Ort darstellt, der einem Staat gleichkommt, in dem man Dienst leisten und als rechtloser Untergebener sein Dasein fristen muss. Abgesehen vom Direktor Wulicke, dessen persönliche Perspektive aber nicht genau hervortritt, besucht keine der Figuren diesen Ort gerne. Die negative Wahrnehmung der Schule wird entscheidend von dem Verhalten des Direktors geprägt. Seine Haltung und sein Auftreten beeinflussen das Verhalten von Lehrern und Schülern ebenso wie die Gestaltung der Lernatmosphäre und des Schulraums. Der Direktor wird als herrischer Mensch dargestellt, vor dem man sich fürchten muss. In seiner äußeren Gestalt, aber auch in der Wahrnehmung seiner Person durch andere verbinden sich alle negativen Eigenschaften zu einem Gesamtbild, das einem grausamen Herrscher gleichkommt.

2. Teilaufgabe

Im Folgenden werden Direktor Wulicke und Direktor Siebmann aus dem Roman „Ingrid Babendererde. Reifeprüfung 1953" von Uwe Johnson miteinander verglichen. Der Roman erschien im Jahr 1985, also erst nach Johnsons Tod, obwohl es das Erstlingswerk des Autors ist. Er schildert die letzte Schulwoche der Protagonisten Ingrid Babendererde und Klaus Niebuhr vor dem Abitur (der Reifeprüfung), deren Ereignisse im Zusammenhang mit den Auseinandersetzungen der Freien Deutschen Jugend mit der Jungen Gemeinde

dazu führen, dass die Protagonisten aus der DDR nach Westberlin fliehen. Der Roman kritisiert somit auch das politische System der DDR.
Auch Johnsons Erzähler ist ein auktorialer Erzähler, der ebenso wie Manns Erzähler auch personale Perspektiven einnimmt und das Geschehen aktiv bewertet. Direktor Siebmann ist sowohl Schulleiter des Gymnasiums in einer fiktiven Kleinstadt in Mecklenburg als auch Vorsitzender der Parteiorganisation der DDR (SED) in der Schule. Man kann hier also von einer Vermischung von staatlicher und schulischer Macht durch die Ämter sprechen, da Siebmann als Direktor auch politisch agiert (S. 90: „seine Unterschrift würde ihnen bescheinigen: sie seien nützliche Mitglieder der Republik"; Siebmann veranlasst die Sitzung gegen die Junge Gemeinde und den Ausschluss Ingrids aus der Schule). Als Leiter der Schule ist er noch neu und relativ jung. Mit seiner Jugendlichkeit wirkt er auf die Schüler zunächst vertrauenerweckend (S. 87). Dem steht jedoch sein „Anspruch des Auftretens" (ebd.) entgegen. Die von Siebmann gewünschte, in Parteikreisen übliche Begrüßung „Freundschaft" (vgl. S. 159) und die den Schülern „aufgenötigte Vertraulichkeit des ‚du'" (S. 162) bringt sie gegen Siebmann auf, weil sie sich nicht mit ihm befreundet fühlen (S. 162). Er wird Pius („der Fromme", S. 86) genannt, was den Vergleich mit einem religiösen Führer (unfehlbar, machtvoll) nahelegt. Mit seinem „überaus geordneten hellbraunen Anzug" (S. 89) wirkt er im Auftreten langweilig auf die Schüler und seine abgehackte und merkwürdige Redeweise wird ironisch kommentiert (S. 87). Dennoch wird er gefürchtet und als mächtig dargestellt („gewaltig"), was auch durch zwei Telefone in seinem Büro und den Zugang zur Hausprechanlage (Mikrofone) symbolisiert wird. Siebmann wird direkt kritisiert, da es einen deutlichen Kontrast zwischen seinem öffentlich-politischen Auftreten und seinem privaten Leben gibt. Öffentlich und politisch tritt er in der sozialistischen Tradition für Gleichheit ein, privat jedoch beansprucht er bürgerliche Annehmlichkeiten für sich. Er trägt Anzüge statt wie am Anfang das blaue Hemd der FDJ, die Parteiuniform (S. 159), bewohnt eine eigene Villa, hat „prächtig" geheiratet und fährt sein Kind im „eleganten Kinderwagen" spazieren (S. 162 f.). Dadurch wird deutlich, dass er seinen eigenen politischen Idealen gar nicht entspricht und demnach mit zweierlei Maß misst. Dies führt bei den Schülern zu weiterer Ablehnung und sie zeigen dies durch die Begrüßung mit „Guten Tag" (S. 163) statt wie gefordert „Freundschaft".
Die Schule an sich wird auch bei Johnson als „Anstalt" (S. 88) bezeichnet und das „Schulegefühl", wie die Protagonistin Ingrid es nennt, ist durch Unbehagen, Unwohlsein und Langeweile (vgl. bspw. S. 88) gekennzeichnet.
Im Vergleich mit Manns Figur ist zunächst zu beobachten, dass beide Charaktere jeweils noch neu an der Schule sind und mit ihrem Auftreten das Schulleben massiv verändern, was jeweils negativ wahrgenommen wird. Beide werden ferner ironisch als „würdige Männer" bezeichnet, und so eben gerade als „unwürdig" charakterisiert. Ebenso repräsentieren beide Figuren die staatlichen/politischen Verhältnisse, wobei Siebmann noch deutlicher als Symbol für den sozialistischen Staat an sich gewertet werden kann als Wulicke es beispielsweise für den preußischen Staat darstellt, da in Johnsons Roman das politische System direkt auf die Schule übertragen wird und Siebmann dessen Durchsetzung auf allen Ebenen anstrebt und fordert. Auch Siebmann wird ironisch und in bewusster Distanzierung zu dem den Schülern aufgenötigten „Du" „Herr Direktor" (Klaus, S. 170) genannt. In beiden Texten drücken die Schüler so ihre Missbilligung der Erwachsenen aus.
Deutlich unterschiedlich ist jedoch das äußere Auftreten der beiden Figuren. Während Wulicke unsauber und schludrig erscheint, ist Siebmann ordentlich und sauber. Das Aussehen der Männer spiegelt auch ihre unterschiedlichen Charakterzüge wider. Wulicke als wütender, zorniger und grausamer Herrscher legt wenig Wert auf Kleidung und äußere Erscheinung und wird auch dadurch zum Objekt des Spottes. Siebmann hingegen verkörpert auch in der Kleidung seinen Drang nach Regeln, Ordnung und Strukturen, der seiner politischen Anschauung entspricht. Auch der Ausdruck der Macht unterscheidet sich entsprechend der Charakterzüge deutlich. Wulicke agiert direkt autoritär und setzt seine Macht offensiv und mit deutlichem Herrschaftsanspruch durch. Siebmann agiert subtiler und

übt Macht aus, indem er den Schülern abverlangt, sich mit der Staatsideologie zu identifizieren, und in seinem Büro Druck auf einzelne Schüler ausübt.

3. Teilaufgabe, Abschluss des Vergleichs unter Einbeziehung des Kontexts
Schließlich steht Wulicke zwar in der Tradition des preußischen Staates, was im Textauszug auch deutlich zur Sprache kommt, hat aber kein politisches Amt inne. Die Vermischung von Politik und Schule ist bei Johnson also deutlicher zu erkennen. Bei Johnson spielen politische Anschauungen auch im Unterricht eine Rolle und es ist erkennbar, dass die DDR die Grundgedanken des Sozialismus auch auf die Schule überträgt (so sollen z.B. alle Schüler Parteimitglieder sein; Ablehnung und Ausgrenzung Andersdenkender, der Jungen Gemeinde). Die politische Einstellung entscheidet bei Johnson auch über den Schulabschluss, und Schüler wie Lehrer werden dadurch direkt und indirekt zur politischen Arbeit gezwungen. Bei Mann wird der Staat eher in der Haltung Wulickes (Autorität, Pflicht, Macht, Dienst) sichtbar als in seinem Handeln in der Schule. Preußische Tugenden (Dienststrammheit) werden auch in der Schule gefordert, aber sind eng mit der Figur des Direktors verknüpft, so dass es möglich erscheint, dass die Schule ein anderes Gesicht bekommen könnte, wenn Wulicke nicht mehr Schulleiter wäre.

Schluss:
Letztlich stellen die beiden Romane zwei unterschiedliche Charaktere dar, die gleichwohl in ihrem Amt als Schulleiter jeweils die Schule, ihre Atmosphäre und das Leben in ihr negativ beeinflussen. Beide Texte spiegeln die politische Situation ihrer Zeit wider und wecken über die Kritik an der Situation in der Schule auch ein kritisches Bewusstsein für Politik und Gesellschaft. In Johnsons Text zeigt sich noch deutlicher als bei Mann, dass Kritik an Schule auch Kritik am staatlichen System der DDR ist. Somit ist Johnsons Text abschließend vermutlich als in seiner Zeit politisch kritischer zu bewerten als Manns Text.

1. → 2. → 3. → 4. → 5. →

6. Klausur überarbeiten

Bei Übungsaufsätzen haben Sie die Gelegenheit, Ihre Arbeit gründlich zu überdenken. Versuchen Sie, den Text mit den Augen einer Person zu lesen, für die sowohl der Text als auch die Figuren unbekannt sind. Da in der Prüfungssituation die Zeit oft knapp wird, sollten Sie sich schon vor dem Beginn der Arbeit die Kriterien vergegenwärtigen und immer genügend Zeit für die Prüfung der sprachlichen Richtigkeit einplanen.

Inhaltliche Qualität

- Habe ich die Aufgabenstellung beachtet (Operatoren!)?
- Gehe ich auf die wichtigsten Textaspekte ein?
- Habe ich meine Interpretationsaussagen durch korrekte Textbelege gestützt?
- Habe ich Fachbegriffe ausreichend und richtig genutzt?

Aufbau und gedankliche Entwicklung

- Ist mein Text sinnvoll, inhaltlich schlüssig und für andere sichtbar gegliedert?
- Habe ich einzelne Analyseaspekte logisch miteinander verknüpft?
- Kann ein mit den Texten nicht vertrauter Leser meinen Gedankengang nachvollziehen?

Sprachliche Richtigkeit

- Kann ein anderer meinen Text lesen (Schrift)?
- Habe ich einen im Satzbau und in der Formulierung verständlichen Text verfasst?
- Habe ich auf Rechtschreibung, Zeichensetzung und grammatikalische Richtigkeit geachtet?
- Habe ich richtig zitiert?

Musterklausur 2

Die DDR entsteht – Materialgestütztes Schreiben

M1 – Hans-Hermann Hertle: Der Weg in die Krise

Der Weg in die Krise der DDR nimmt seinen Anfang, als die SED im Juli 1952 beschließt, dass ab sofort der „Sozialismus planmäßig aufgebaut" werde. Dieser neuen Richtung der SED-Politik gehen zwei Treffen der SED-Führung (Wilhelm Pieck, Walter Ulbricht, Otto Grotewohl) Anfang April 1952 mit Stalin in Moskau voraus. Stalin erklärt bei den Gesprächen unter anderem, dass die Westmächte, „welche Vorschläge auch immer wir zur deutschen Frage machten, ihnen nicht zustimmen und sowieso nicht aus Westdeutschland weggehen würden". Deshalb müsse die SED-Führung nun endgültig „ihren eigenen Staat gründen". Zwar müsse die Propaganda für die Einheit Deutschlands fortgesetzt werden – aber nur, „um die Politik der Amerikaner zu entlarven". Die SED, so Stalin, solle die bisherige Kasernierte Volkspolizei zu einer 300.000 Mann starken Armee ausbauen; die „pazifistische Phase" der DDR sei beendet. Daneben sei die bisherige Demarkationslinie zwischen Ost- und Westdeutschland als Grenze zu betrachten, deren militärischer Schutz zu verstärken sei. Und schließlich verlangt Stalin den forcierten Ausbau sozialistischer Strukturen in der Industrie („Volkseigene Betriebe") und vor allem in der Landwirtschaft („Produktionsgenossenschaften"). [...]

Auf dem Lande erfolgt die Gründung der ersten landwirtschaftlichen Produktionsgenossenschaften (LPG), zunächst durchweg freiwillig. Dafür sorgen umfassende wirtschaftliche Vergünstigungen wie Steuerbefreiungen und die Senkung der Pflichtablieferungen. Besonders den so genannten Neubauern mit kleinen Höfen und Landflächen bieten die Zusammenschlüsse eine Überlebenschance. Doch die Mehrheit der Alt- und Großbauern will die eigene „Scholle" behalten und lehnt einen LPG-Beitritt ab. Im Herbst 1952 verschärft die SED deshalb den Kollektivierungsdruck. Ein sozialer Krieg gegen das private Bauerntum beginnt, vor allem gegen so genannte Großbauern (Nutzfläche von mehr als 20 ha).

Quelle: http://www.bpb.de/geschichte/deutsche-einheit/der-aufstand-des-17-juni-1953/154325/der-weg-in-die-krise (Stand 13.01.2016)

M2 – Der Kampf gegen die Kirche

JUNGE WELT – Extrablatt. Organ des Zentralrats der Freien Deutschen Jugend. Sonderausgabe, April 1953, Preis 10 Pf.

„Junge Gemeinde" – Tarnorganisation für Kriegshetze, Sabotage und Spionage im USA-Auftrag.
Schändlicher Missbrauch des christlichen Glaubens / „Junge Gemeinde" wird von den westdeutschen und amerikanischen Imperialisten dirigiert / Enthüllungen über die Verbindungsleute der „Jungen Gemeinde" im Westen / Ehemaliger Gestapo-Agent – als „Diakon" getarnter USA-Spion

Die Korrespondenten der „Jungen Welt" aus allen Teilen der Deutschen Demokratischen Republik berichten über neue Tatsachen der feindlichen Umtriebe der illegalen „Jungen Gemeinde". Diese Tatsachen, die wir uns verpflichtet fühlen der Öffentlichkeit zu unterbreiten, runden das bisher durch zahlreiche Beiträge der „Jungen Welt" gezeichnete Bild dieser illegalen Organisation ab. Es erweist sich, dass die heuchlerisch mit christlichem Schein verbrämte „Junge Gemeinde" direkt durch die in Westdeutschland und vorwiegend in Westberlin stationierten amerikanischen Agenten- und Spionagezentralen angeleitet wird. Der christliche Glaube vieler junger Menschen wird durch eine geschickt aufgebaute religiöse Staffage mißbraucht, um sie unter Vorspiegelung angeblich kirchlicher Betätigung nicht nur gegen die Deutsche Demokratische Republik aufzuhetzen, sondern auch zu feindlichen Handlungen, die schweren Strafen unterliegen, aufzuwiegeln. Somit ist die „Junge Gemeinde" nichts weiter als ein verlängerter Arm der Terrororganisation BDJ. Ihre Leiter sind die gleichen, die in Westdeutschland im Auftrage Adenauers und seiner amerikanischen Hintermänner eine Hetzjagd gegen die für Frieden und Einheit mutig kämpfende Jugend veranstalten und solche aufrechten jungen Patrioten wie Jupp Angenforth verhaften, verschleppen und misshandeln. Die Hintermänner und Leiter der „Jungen Gemeinde" wollen – wie die Tatsachen beweisen – in unserer Republik ein gleiches

System des Terrors aufrichten wie in Westdeutschland, sie besorgen die schmutzige Sache Adenauers, des Todfeindes der deutschen Jugend.

[...] Inzwischen hat der Protest der Jugend gegen die kirchlich getarnten feindlichen Umtriebe von Tag zu Tag zugenommen. [...] Protestiert haben aber nicht nur die Mitglieder der Freien Deutschen Jugend, sondern auch zahlreiche Jugendliche, die bisher Anhänger der „Jungen Gemeinde" waren. Ihren Protest brachten sie dadurch zum Ausdruck, dass sie ihren Austritt aus der „Jungen Gemeinde" erklärten. [...] Aus Dallgow erreichte uns der Brief von Christa Schäfer. Sie schreibt: „Ich war bis Januar Mitglied der ‚Jungen Gemeinde', aber schon damals wurde ich schwankend. Ausschlaggebend für meinen Austritt war die wachsende Erkenntnis, dass wir in dieser Organisation für republikfeindliche Dinge mißbraucht werden sollen. Ich will mich aber nicht als Werkzeug für Adenauers volksfeindliche Interessen mißbrauchen lassen. Ich bin Mitglied der FDJ-Oberschule Falkensee und ich habe erkannt, dass es nur eine Jugendorganisation geben kann, die Freie Deutsche Jugend." Der Jugendkorrespondent Eberhard Hellwig berichtet von einer Volksversammlung der FDJ-Schulgruppe der Oberschule Dömnitz: „Zu den Schülern sprach ein Vertreter der Bezirksleitung der FDJ. Zahlreiche Tatsachen überzeugten alle von dem verbrecherischen Ziel der ‚Jungen Gemeinde'. Anschließend entstand eine lebhafte Diskussion, in deren Verlauf drei Mitglieder der ‚Jungen Gemeinde', Manfred Tunn, Bärbel Menzer und Dieter Wolff, ihren Austritt aus dieser Organisation erklärten. [...]

Quelle: http://www.bpb.de/geschichte/deutsche-einheit/der-aufstand-des-17-juni-1953/154325/der-weg-in-die-krise (Stand 18.01.2016) und www.jugendopposition.de/index.php?id=3708

M3

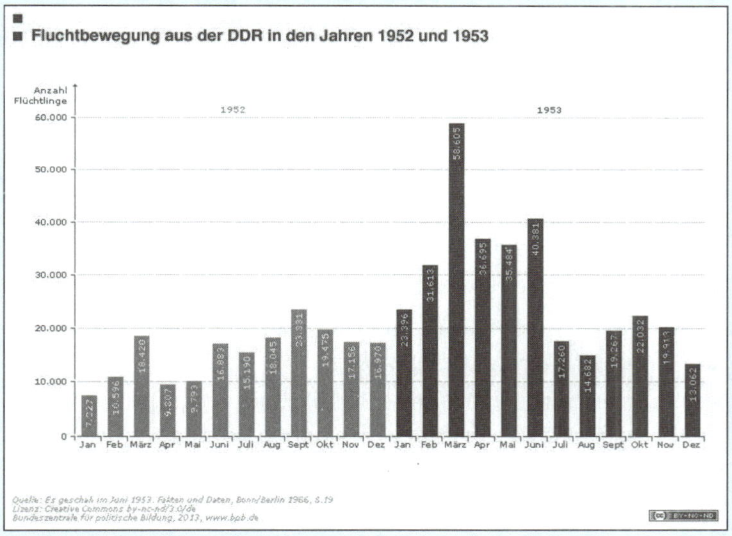

M4

M 5 – Zeitzeugen, Thomas Ammer im Widerstand

Eisenberg, Sommer 1953. Thomas Ammer und einige seiner Mitschüler denken intensiv über die Bildung einer Widerstandsgruppe nach. Das hat vor allem zwei Gründe: Die Oberschüler sind empört, dass Mitglieder der Jungen Gemeinde (JG) verfolgt werden, und sie stehen unter dem Eindruck des niedergeschlagenen Aufstands am 17. Juni 1953. Der neuerliche Wahlschwindel der SED im Oktober 1954 veranlasst die Schülergruppe schließlich, den langen Diskussionen Taten folgen zu lassen. Sie stellt ein handgeschriebenes Plakat her. Darauf steht: „Deutscher! Was hat die bisherige bolschewistische Herrschaft gebracht? Entziehung der freien Meinungsäußerung, der Versammlungs- und Pressefreiheit, des Streikrechts. Immer noch kriegsmäßiges Kartensystem, HO-Wucherpreise und rücksichtslose Ausbeutung. Willst du das alles noch länger mit ansehen? Deshalb stimme mit deinen verlässlichen Arbeitskameraden gegen die sog. Nationale Front!". Im Schutze der Dunkelheit kleben die Schüler einige Exemplare dieses Aufrufs an Hausmauern in der Stadt. Einige Wochen später klettern sie nachts in das Heimatmuseum, um aus dem Ersten Weltkrieg stammende Waffen zu entwenden. Allerdings finden sie keine brauchbaren Stücke und lassen lediglich zwei Vorderlader aus dem frühen 19. Jahrhundert mitgehen. Zusätzlich gelangen sie in den Besitz einer alten Pistole aus dem Bestand von Joachim Marckstadts Vater, der als Förster tätig war. Sie wird gut versteckt und niemals verwendet. Diese Aktionen zeigen die fließende Grenze zwischen Abenteuerromantik und politischer Aktion. […] Mit dem Abschluss der Schule und dem Studienbeginn in Jena verlagert sich Thomas Ammers Tätigkeit […]. Die letzte größere Aktion der Gruppe bereiten Thomas Ammer und Peter Herrmann im September 1957 vor. Sie planen einen Aufruf an die mitteldeutschen Hochschullehrer. Sie schreiben einen Text, kaufen in kleinen Mengen Schreibpapier und Briefumschläge und besorgen sich ein Vervielfältigungsgerät. Im Oktober 1957 stellen sie in zwei Nächten ungefähr 400 Exemplare des Aufrufs her. Da trotz vielfältiger Vorsichtsmaßnamen doch Fingerabdrücke auf die Flugblätter geraten, wird die Aktion abgeblasen. Außerdem beobachtet die Staatssicherheit jetzt jeden Schritt der Gruppe.

Am 13. Februar 1958 wird Thomas Ammer verhaftet. Von den 24 Angeklagten erhält er mit 15 Jahren Zuchthaus das höchste Strafmaß. 1964 wird Thomas Ammer von der Bundesregierung freigekauft.

Quelle: „Thomas Ammer", hrsg. v. Bundeszentrale für politische Bildung und Robert-Havemann-Gesellschaft e.V., letzte Änderung September 2008, www.jugendopposition .de/index.php?id=3394

Aufgabenstellung:

1. Verfassen Sie auf der Grundlage von M1 – M5 einen Informationstext über die Anfänge der DDR im Zeitraum um das Jahr 1953. Der Text soll sich an junge Erwachsene richten.
2. Vergleichen Sie die dargestellten Aspekte mit Uwe Johnsons literarischer Darstellung in „Ingrid Babendererde. Reifeprüfung 1953". Gehen Sie dabei auch auf den Unterschied zwischen der Literatur und anderen Medien ein.

1. Erstes Überfliegen des Textes – Aufgabenstellung erfassen

→ 2. → 3. → 4. → 5. → 6.

Überfliegen Sie die Materialien und versuchen Sie, sich einen ersten Eindruck zu verschaffen.

Wer	►	Personen, Quellen, Autoren
erlebt/erzählt/berichtet/stellt dar	►	Erzählform, Erzählweise, Grafik, Bild
was	►	erzähltes/dargestelltes Geschehen/Fakten
wie	►	Sprache, Art der Darstellung
mit **wem** / über **wen/was?**	►	Personen, Themen, Informationen usw.

Formulieren Sie für jedes Material eine Verstehenshypothese/Grundaussage.

M1 – Die DDR-Führung führt den planmäßigen Aufbau des Sozialismus durch: Grenzziehung zu Westdeutschland, Aufbau einer Armee, Gründung „Volkseigener Betriebe" und „Landwirtschaftlicher Produktionsgenossenschaften".

M2 – Die FDJ schreibt im April 1953 einen polemischen Artikel gegen die Junge Gemeinde, in dem sie die Angehörigen der Organisation als Staatsfeinde brandmarkt und gegen Westdeutschland argumentiert.

M3 – Parallel zu den politischen Entwicklungen ist eine hohe Zahl an Flüchtlingen aus der DDR zu beobachten.

M4 – Teil des Programms zum Aufbau des Sozialismus ist die Durchsetzung der Normerhöhung.

M5 – Es formiert sich Widerstand unter Jugendlichen, der gegen die Verfolgung der Jungen Gemeinde gerichtet ist. Die Aktionen erfolgen heimlich und ziehen hohe Strafen nach sich. Die Stasi verfolgt die Jugendlichen/Studenten.

Lesen Sie jetzt die Aufgabenstellung genau. Achten Sie dabei besonders auf die Arbeitsanweisungen (Operatoren) sowie vorgegebene Analyseaspekte.

Die Aufgabenstellung besteht aus zwei Aufgaben. Die **erste Aufgabe** verlangt durch den Operator „verfassen", dass Sie auf der Grundlage der Informationen, die Ihnen die Materialien M1 bis M5 liefern, einen **eigenständigen Text** schreiben. Dieser soll **informierend**, d. h. sachlich und strukturiert gestaltet sein und sich an junge Erwachsene (**Adressatenbezug!**) richten.
Die **zweite Aufgabe** bezieht sich auf die erste Aufgabe und setzt deren Interpretationsergebnisse voraus. Sie sind aufgefordert, die Informationslage der Materialien mit der literarischen Lebenswelt in Johnsons Roman „Ingrid Babendererde. Reifeprüfung 1953" zu vergleichen. Dabei sollten Sie auf den Unterschied zwischen einem literarischen Text und den dargestellten Medien (Bild, Statistik, Zeitungsartikel, Zeitzeugenbericht, Sachtext) eingehen.

1. → **2. Texte aspektorientiert untersuchen** → **3.** → **4.** → **5.** → **6.**

Teilschritt: Inhaltssicherung (→ 1. Teilaufgabe)

Lesen Sie den Textausschnitte genau und fertigen Sie sinnvolle Exzerpte an.

Die Exzerpte dienen dazu, Sie sich einen Überblick über die wesentlichen Inhalte der Materialien zu verschaffen und die Informationen vorzustrukturieren. Dabei können Sie den Text entweder paraphrasieren oder aber direkte Zitate aus den Texten notieren.

M1 – Der Weg in die Krise
- Juli 1952: Sozialismus soll planmäßig aufgebaut werden. (SED-Beschluss)
- Stalin initiiert Vorgehen, die SED-Führung solle „endgültig ihren eigenen Staat gründen", um gegen die Westmächte bestehen zu können.
- Kasernierte Volkspolizei soll in eine Armee umgewandelt und das pazifistische Vorgehen beendet werden.
- Die Gründung von LPGs (Landwirtschaftlichen Produktionsgenossenschaften) geschieht zunächst freiwillig, aber die meisten Bauern wollen ihre Besitztümer behalten. Es entsteht ein Kollektivierungsdruck seitens der SED (1952).

M2 – Der Kampf gegen die Kirche
- „neue Tatsachen der feindlichen Umtriebe der illegalen ‚Jungen Gemeinde'"
- „heuchlerisch mit christlichem Schein verbrämte ‚JG' direkt durch die in Westdeutschland und vorwiegend in Westberlin stationierten amerikanischen Agenten- und Spionagezentralen angeleitet."
- „feindliche Handlungen" – „verlängerter Arm der Terrororganisation BDJ"
- die „in unserer Republik ein gleiches System des Terrors aufrichten wie in Westdeutschland, sie besorgen die schmutzige Sache Adenauers, des Todfeindes der deutschen Jugend."
- Protest der Jugend = Austritte aus der Jungen Gemeinde; Argumente und Belege von ausgetretenen Jugendlichen unter Nennung der Namen. (O-Töne)
- „Zu den Schülern sprach ein Vertreter der Bezirksleitung der FDJ" (pol. Veranstaltungen in Schulen)

M3 – Grafik
- Fluchtzahlen aus der DDR nach Westdeutschland in den Jahren 1952/1953. Beginnend bei 7227 im Januar 1952, stetig steigend bis in das Jahr 1953. 1952 zwischen 10.000 und 20.000; 1953 steigend. Das Hoch liegt im März 1953 mit 58.605 Flüchtlingen, April/Mai und Juni liegen ebenfalls bei etwa 40.000. Die Zahlen sinken dann wieder bis auf ca. 13.062 im Dezember 1953 (immer noch hoch!).

M4 – Bild
- Aufmacher der Gewerkschaftszeitung „Tribüne" zum 1.Mai (Tag der Arbeit)
- Personifizierung des Arbeiter- (Mann) und Bauernstaates (Frau)
- Im Hintergrund Menge und sozialistische Fahnen zu sehen; ebenso Porträts der Begründer des Marxismus-Leninismus – Marx, Engels, Lenin, Stalin
- Fröhlichkeit = Aufbruch und positive Stimmung
- Durchsetzung der Normerhöhung

M5 – Zeitzeugen, Thomas Ammer im Widerstand
- Beispiel für einen Widerstandskämpfer, Thomas Ammer
- Im Sommer 1953 Beginn des Kampfes gegen die politischen Veränderungen
- Plakat mit Vorwurf an SED-Regierung „Entziehung der freien Meinungsäußerung, der Versammlungs- und Pressefreiheit, des Streikrechts"
- Manche „Aktionen zeigen die fließende Grenze zwischen Abenteuerromantik und politischer Aktion".
- Stasi beobachtet „jetzt jeden Schritt der Gruppe".
- 1958 Verhaftung und Höchststrafe 15 Jahre Zuchthaus; freigekauft von der BRD nach sechs Jahren

Teilschritt: Quellen/Textsorten und Adressatenbezüge ermitteln und einordnen (→ 1. Teilaufgabe)

Dieser Teilschritt dient dazu, sich zu vergegenwärtigen, welche Quellen die Materialien haben, um welche Textsorten es sich handelt und an welches Publikum (Adressaten) sie sich richten. Diese Parameter haben großen Einfluss auf die dargestellten Informationen und sollten immer mit berücksichtigt werden. Dabei sollte auch auf die in den Materialien verwendete Sprache und die gegebenenfalls zur Beeinflussung der Adressaten gewählten sprachlichen Mittel geachtet werden.

Wer spricht wen an? Mit welchem Ziel? Mit welchen sprachlichen Mitteln?

M1 – Der Weg in die Krise
- Sachtext, Zentrale für politische Bildung. Seriöse politische Organisation, Informationen werden sachlich präsentiert.
- Adressaten: Menschen, die verlässliche Sachinformationen zu Politik und Geschichte suchen. Altersklassen gemischt, aufgrund der Komplexität des Textes gehören jüngere Schüler eher nicht zur Adressatengruppe

M2 – Der Kampf gegen die Kirche
- Zeitungsartikel, üblicherweise eine informierende Textsorte
- hier aber Quelle „Junge Welt"; Zeitung der FDJ. Informationen dienen daher wahrscheinlich der politischen Argumentation.
- Ziel: Feindbild aufbauen und beweisen, dass die Junge Gemeinde den Aufbau des Sozialismus in der DDR verhindern will.
- Adressaten: Mitglieder der FDJ; Öffentlichkeit; Junge Gemeinde

sprachliche Besonderheiten:
- „neue Tatsachen"/„wie die Tatsachen beweisen": Es wird auf Tatsachen verwiesen, die jedoch nie genannt werden.
- „feindliche Haltungen", „Terror", „System des Terrors", „feindliche Umtriebe", „besorgen die schmutzige Sache Adenauers, des Todfeindes der deutschen Jugend": Junge Gemeinde wird zum Feind des Staates erklärt.
- Beweise werden in Form von O-Tönen/Zitaten (Briefe, mündliche Aussagen von Jugendlichen) erbracht, die belegen sollen, dass der Austritt aus der Jungen Gemeinde die einzig richtige Entscheidung ist.

M3 – Grafik
- Quelle: Ebenso Bundeszentrale für politische Bildung. Siehe M1

M4 – Bild
- Titelblatt der Gewerkschaftszeitung „Tribüne" zum Tag der Arbeit
- Ziel: Beeinflussung der öffentlichen Meinung für die eigene Sache. Erzeugung von Zustimmung zu Normerhöhungen

M5 – Zeitzeugen, Thomas Ammer im Widerstand
- Quelle: www.Jugendopposition.de, Internetseite über politischen Widerstand von Jugendlichen. Sammlung von Dokumenten; vgl. M1
- Auch als O-Ton und Erfahrungsbericht lesbar

Teilschritt: Interpretationsansatz formulieren (→ 1. Teilaufgabe)

Im Anschluss an die Analyse der Materialien sollten Sie Ihre Ergebnisse zu einem Interpretationsansatz zusammenfassen. Hierbei ist es sinnvoll, die Interpretationshypothesen, die Sie zu Beginn angefertigt haben, gedanklich schon einmal zu überprüfen.

Fassen Sie Ihre Ergebnisse kurz und bündig zusammen.

1. Die Materialien zeigen aus unterschiedlichen Perspektiven, dass die DDR 1952/1953 beginnt, den Aufbau des Sozialismus voranzutreiben.
2. Westdeutschland wird Hetze gegen die DDR vorgeworfen; der Jungen Gemeinde werden „republikfeindliche Dinge" und „volksfeindliche Interessen" (M2) unterstellt.
3. Die DDR setzt beim Aufbau des sozialistischen Gemeinwesens auf den Grundgedanken des Kollektivs, in dem alle Menschen gleich sind (vgl. M4, freiwillige LPG-Gründungen). Es kommt zu einer massiven Einschränkung demokratischer Grundwerte und der persönlichen Freiheitsrechte der Bürger (vgl. Ammers, Junge Gemeinde, Kollektivierungsdruck).
4. Die hohen Flüchtlingszahlen aus der DDR nach Westdeutschland könnten als Reaktion auf Überwachungsmechanismen (Stasi), Vereinheitlichungsdruck und Verfolgung interpretiert werden.

1. → 2. → **3. Eine vergleichende Analyse erarbeiten** → 4. → 5. → 6.

Teilschritt: Kurze Inhaltsrekapitulation zum Roman (→ 2. Teilaufgabe)

Vgl. dazu Musterklausur 1.

Teilschritt: Lebenswelt im Roman erarbeiten (→ 2. Teilaufgabe)

Nun sind Sie aufgefordert, die Lebenswelt in Johnsons Roman zu erfassen und den Umgang der Figuren mit dieser Wirklichkeit festzuhalten. Da Ihnen nur eine begrenzte Zeit zur Verfügung steht, können Sie nicht alle Figuren berücksichtigen. Daher müssen Sie sich von Anfang an für wichtige Figuren (z. B. Protagonisten/Lehrer/Erwachsene) entscheiden und sich auf diese konzentrieren.

Beschreiben Sie den Umgang der Figuren mit den politisch-gesellschaftlichen Umständen. Benennen Sie zentrale Themen des Romans, die die Lebenswirklichkeit der DDR betreffen.

Protagonisten:

- Klaus: Misstrauen gegenüber Propaganda im Allgemeinen (S. 156); dennoch in der Unterstufe Mitglied und in Klasse 10AII Vorsitzender der FDJ (S. 155); dieses Amt führt er in der Oberstufe nur noch pflichtmäßig aus (S. 161); Klaus reagiert auf die schulischen Erziehungsversuche ironisch (z. B. S. 170: „hielt er es für ein heiteres Spiel, dem Herrn Direktor den Schüler Niebuhr vorzustellen, den Herr Direktor sich vorstellte, obwohl es den Schüler nicht gab"; „So waren Klausens Worte unzuverlässig geworden"); er entscheidet sich nach den Ereignissen um Ingrid zur Flucht aus dem politisch u. menschlich für ihn nicht tragbaren System; insg. kann man ihm aber auch vorwerfen, zu wenig zu tun – aus dem Konflikt um Ingrid hält er sich heraus, erscheint nicht zur Schule und entzieht sich (S. 212 f.).
- Ingrid: ist zunächst wie Klaus eher unbeteiligte Zuschauerin, nimmt aber Anteil am Schicksal von Elisabeth Rehfelde (S. 84); im entscheidenden Gespräch mit Klaus vor der Aula-Versammlung will Klaus sich zurückziehen („sollte mich angehen, geht mich aber nicht, finde ich ekelhaft", S. 149), Ingrid aber („es braucht mich nichts anzugehen, geht mich aber" S. 149) will sich nicht entziehen; sie hält schließlich eine mutige Rede für Gerechtigkeit (S. 174/175), wegen der sie von der Schule verwiesen wird.

Aspekte der Lebenswirklichkeit im Roman

- Anspielung auf Bauarbeiten in der Berliner Stalinallee (S. 33), die zum Ausgangspunkt des Aufstandes am 17. Juni wurden
- Planwirtschaft/Nachkriegszeit: Schüler arbeiten in landwirtschaftlichen Betrieben auf dem Feld (S. 158); Kapitel 1: Auftreten der Polizisten mit dem Finanzamt, Beschlagnahmung von Höfen
- Zentraler Konflikt des Romans: Junge Gemeinde wird als Feind des Sozialismus betrachtet; Zwang, die Mitgliedschaft zu beenden; Schulversammlung zum Ausschluss einzelner Schüler von der Schule
- Verfolgung von Ingrid durch die Stasi (S. 205 ff.) nach ihrer Rede in der Aula, Hilfe durch den Polizisten Holtz
- Flucht von Ingrid und Klaus im Frühsommer 1953 mit dem Boot nach Westberlin

Teilschritt: Vergleich der Lebenswelten (Materialien und Roman)

Stellen Sie die Informationen aus Aufgabe 1 den literarischen Gegebenheiten gegenüber.

Darstellung in den Materialien	*Romandarstellung*
- Aufbau des Sozialismus, Planwirtschaft - M4 Bild: Gemeinschaftsaspekt, Kleidung, politische Normen	- Auch im Roman arbeiten die Schüler in den landwirtschaftlichen Produktionsgenossenschaften (von der Schule organisiert). - Organisationen wie die FDJ werden in Schulen eingesetzt und bestimmen deren Alltag (Gruppenführer, Banner, Versammlungsformen). - Schulleiter und Schüler tragen Parteiuniformen. - Gemeinschaft wird politisch verordnet.

- Kampf gegen die Kirche - Schulversammlungen der FDJ gegen die Junge Gemeinde	- Zentraler Konflikt des Romans ist der Konflikt um die Junge Gemeinde. - Vorwürfe des Zeitungsartikels M2 tauchen auch im Roman auf. - Schulversammlung in der Aula zu diesem Thema
- Fluchtzahlen Frühsommer 1953 (M3)	- Ingrids und Klaus Flucht bewegt sich in etwa dem Zeitrahmen, der auch die höchsten Fluchtzahlen aufzeigt; literarische Verarbeitung der Tatsache, dass immer mehr Menschen politisch begründet fliehen.
- Direkter Widerstand gegen die Politik der DDR durch Bildung von Widerstandsgruppen	- Widerstand von Klaus und Ingrid (siehe oben; indirekter/direkter Widerstand); Kontrast: Jürgen
	- Spezieller Handlungsort Schule im Roman

Teilschritt: Textsorten reflektieren und bewerten (→ 3. Teilaufgabe)

Da es sich bei den Materialien aus Aufgabe 1 hauptsächlich um Sachtexte und Statistiken handelt, Sie in Aufgabe 2 aber einen Roman zum Vergleich heranziehen sollen, müssen Sie die Darstellungsweise im Roman (fiktionaler Text) im Gegensatz zu Sachtexten kurz reflektieren.

✎ Benennen Sie Kennzeichen von fiktionalen und informierenden Textsorten.

Kennzeichen fiktionaler Texte:
- Grundsätzlich ausgedachte Realitäten, jedoch mit Bezug zur Wirklichkeit
- Spezifische Ausarbeitung von Themen und Motiven und Verarbeitung von realen Ereignissen durch die Sicht des Erzählers/der Figuren
- Einbeziehung von Emotionen, persönlichen Sichtweisen, Bewertungen, Auseinandersetzung mit persönlichen Themen
- Bewertend, kommentierend, perspektivierend (Erzählerfigur: im Roman auktorial/ personal)

Kennzeichen von Sachtexten:
- Sachorientierte Verarbeitung von Informationen (keine Emotionen, Faktenorientierung)
- Anspruch auf die Darstellung von Wirklichkeit, wie sie tatsächlich vorhanden ist/war
- Aber auch hier Möglichkeit der Perspektivierung von Wirklichkeit durch die Art der Informationsdarstellung selbst (wer filtert z.B. die Informationen, welche Informationen werden präsentiert?, vgl. Zeitungsartikel gegen die Junge Gemeinde)

1. → 2. → 3. → **4. Gliederung erstellen** → 5. → 6.

Grundlegendes zur Gliederung finden Sie in Musterklausur 1 auf S. 11.

1. Teilaufgabe:

Einleitung

- Sinnvoller und interessanter Einstieg in das Thema, z.B. mit den im Bild M4 dargestellten positiven Aspekten von Gemeinschaft und Kollektivierung; später könnten dann die negativen Auswirkungen dieser Grundgedanken dagegengestellt werden.

Hauptteil

a) Fakten und politische Entscheidungen (M1)

b) Verknüpfung mit den tatsächlichen politischen Auswirkungen (M2 Junge Gemeinde und M5 Zeitzeugen)

c) Folgen der politischen Entwicklungen anhand von M3 Grafik

Schluss

- Formulierung einer Gesamtaussage, Zusammenfassung

2. Teilaufgabe:

- Herstellen eines Anschlusses an Aufgabe 1 und inhaltliche Einführung in den Roman

Hauptteil

- Vergleich zwischen den in den Materialien 1-5 vermittelten Informationen und der im Roman dargestellten Lebenswirklichkeit

Schluss

- Zusammenfassung der Ergebnisse aus dem Vergleich und eigene Bewertung

Musterlösung

Musterklausur 2

9uy88c

1. → 2. → 3. → 4. → **5. Klausur schreiben** → 6.

Schreiben Sie den Aufsatz auf der Grundlage Ihrer erstellten Gliederung und Ihrer Vorarbeit. (Die Zwischenüberschriften dienen nur der Übersicht. In der Klausur sollten Sie sie nicht verwenden, sondern den Text sinnvoll durch Absätze gliedern.)

1. → 2. → 3. → 4. → 5. → **6. Klausur überarbeiten**

Wichtige Hinweise hierzu finden Sie auf S. 15.

Musterklausur 3

Uwe Johnsons Ingrid Babendererde. Reifeprüfung 1953. Eine Rezension von Norbert Mecklenburg

Kleine lustige Wolke. Zu Uwe Johnsons nachgelassenem Jugendwerk „Ingrid Babendererde“

Eine heitere und bittere Geschichte: vier Tage Sonnenschein im Mai 1953, norddeutsche Kleinstadtidyllik, Schülerliebe – doch alles im Schatten des Stalinismus der frühen DDR, Muff von oben verordneter Ideologie, Repressionen gegen Andersdenkende, am Ende Trennung von Freunden und Flucht in einen ungeliebten Westen. Das wäre aufs Kürzeste zusammengefasst, wovon Uwe Johnsons erster, bisher veröffentlichter Roman handelt. Er stellt, um es vorweg zu sagen, als Arbeit eines Zwanzigjährigen eine ganz unwahrscheinliche Leistung dar. Da spricht und schreibt ein Schüler, ein Student, das ist unüberhörbar, und da meldet sich ebenso unüberhörbar bereits ein grosser Erzähler zu Wort.

Ein Schreibmotiv des jungen Autors, über das er selbst später genaue Auskunft gegeben hat, war politisch. 1953, das Jahr von Stalins Tod und des Arbeiteraufstandes vom 17. Juni, wurde für die DDR zu einem Höhepunkt, zugleich einer Krisenphase des stalinistischen Herrschaftssystems. Johnson erlebte diese Phase hautnah. Als Mitglied des kommunistischen Jugendverbandes der FDJ wurde er aufgefordert, sich an der staatlichen Hetzkampagne gegen die „Junge Gemeinde“ zu beteiligen. (Ein Protest der evangelischen Bischöfe in dieser Sache wurde am 22. April 1953 in dieser Zeitung veröffentlicht.) Statt dessen warf er seiner Regierung öffentlich Verfassungsbruch vor und wurde daraufhin einstweilen exmatrikuliert. Indem er nun viel Zeit hatte sowie durch „unberatenes Festhalten an stillem Widerspruch“ wurde er zum Schriftsteller. Bereits im Winter 1953/54 war die erste Fassung von „Ingrid Babendererde“ geschrieben.

Drei weitere folgten, längere Reisen der Manuskripte durch Lektorate der DDR ergaben das Lob, dass das Werk „die Atmosphäre der Republik so dicht wiedergibt, wie kein anderes sonst.“ Gedruckt wurde es nicht, auch nicht in der BRD. Im Verlag Peter Suhrkamps, dem der selbstbewusste junge Autor den Text angeboten hatte, sperrte sich der Lektor Siegfried Unseld, nicht zuletzt aus Idiosynkratie[1] gegen die „parteiliche Atmosphäre“ dieses irritierenden Provinzromans. Johnson hatte also „Lehrzeit“ gewonnen, um seine Erzähltechnik zu entwickeln und seinen epischen Mikrokosmos zu erweitern. „Ingrid Babendererde“ wurde in einem Ordner abgelegt. Erst nach seinem frühen Tod im vergangenen Jahr ist jetzt die Publikation erfolgt; mit einem Nachwort von Siegfried Unseld.

Johnson selbst hat zeitweilig, zuletzt aber wohl nicht mehr eine Veröffentlichung seiner Erstlingsarbeit im Auge gehabt. Denn auch wenn Ingrid, ihr Freund Klaus Niebuhr und ihre Heimatstadt „Wendisch Burg“, wie sie hernach heissen wird, durch vielerlei Beziehungen einen festen Ort in der erzählerischen Topographie[2] von Johnsons Gesamtwerk erhalten haben, der vierte Band seines Hauptwerks „Jahrestage“ bietet, an anderem Ort und mit anderem Personal, eine späte Variation der frühen Geschichte. Der gleiche politische Rahmenkonflikt, das provinzsozialistische Schul- und Kleinstadtmilieu, zum Verwechseln ähnliche Figuren und Konstellationen. Die Lehrer Sedenbohm („Sir Ernest“) und Kliefoth, Siebmann („Pius“) und Kramnitz, „Bettina“ und Frau Behrens (beide „das blonde Gift“ genannt) sind jeweils epische Zwillinge. Und dem zentralen Freundeskleeblatt aus dem „Paar“ Ingrid/Klaus sowie Jürgen in Johnsons erstem Buch ähnelt dasjenige aus Gesine/Pius und Dieter in seinem letzten.

Auch in Sprache und Stil findet man in dem Frühwerk bereits viele Eigentümlichkeiten Johnsons vor: von der eigenwilligen Syntax über die pointenreichen Lakonismen[3] bis zum parodistischen Bibelton, den satirischen Verfremdungen der Propagandasprache, den Einsprengseln aus dem Niederdeutschen. Gewiss haben die Lektoren seinerzeit nicht ganz zu Unrecht Manierismen[4] moniert. Da gibt es eine Beiwortseligkeit, die Adjektive wie „ebenmäßig“ und „gelassen“ nicht oft genug wählen kann, auch „lustig“, und da wird ganz unebenmäßig häufig gelacht, besonders mit den Augen. Doch das Gedrehte und Gestelzte bildet hier auch eine clownesk-gravitätische Primanerattitüde[5] sprachlich ab: jene Mischung aus Witz und Ulk, Aufsässigkeit und Sicherverstecken, die Schüler zu so guten Satirikern[6] macht. Glanzstücke solcher Kunst sind Niebuhrs listiges Zitieren von Brechts frechem Sonett über Schillers „Bürgschaft“ in der Deutschstunde und Ingrids sehr mutige, folgenreiche Rede über „Eva Maus Hosen“.

Diese jungen Leuten, schlagfertig, sensibel, nachdenklich, voll Lebensfreude und früh erzwungener Weisheit, stehen für die Utopie eines gelingenden Lebens. Und dafür stehen ebenso der ausgiebig beschriebene Wassersport und die immer neu in liebende Worte gebrachte „freundliche weitgeschwungene Landschaft“, über deren sommerliche Heiterkeit gelegentlich eine „kleine lustige Wolke“ zieht. Denn um eine Sommerlandschaft handelt es sich ganz und gar, entgegen der Datierung auf Ende Mai. Wer Johnsons Norddeutschland kennt, weiss, dass es dort zwei Wochen nach den Eisheiligen keine derart drückende Hitze, kein Badevergnügen und kein solches Hochsommergewitter gibt.

Zur Erklärung dieser auffallenden Unstimmigkeit liegt es nahe, eine früheste Textschicht anzunehmen, die dem Verfasser offenbar so viel bedeutete, dass er ihre Aura nicht antasten mochte. In dieser Sommer- und Liebesgeschichte käme die an das Frühjahr 1953 gebundene politische Handlung um die „Junge Gemeinde“ noch nicht vor, in ihrem Zentrum stünde vielmehr die persönliche Beziehung zwischen dem „Paar“ Ingrid und Klaus und Jürgen, dem Dritten im Bunde, der die beiden andern „übermäßig gern“ hat und sich am Ende auf den Weg der „Entsagung“ gewiesen sieht. Etwas von der Tonio-Kröger-Stimmung also inmitten der jugendfrohen Segelseligkeit der ersten und bereits beachtlich komplexen Erzählarbeit des Thomas-Mann-Verehrers Johnson. Hier mag, neben dem politischen, ein zweites Motiv des jungen Autors verborgen liegen, nicht nur für die Konzeption des Romans um die blonde Ingrid, sondern überhaupt dafür, dass er „ins Schreiben“ geraten ist.

Quelle: Riedel, Nicolai (Herausgeber): *Uwe Johnsons Frühwerk. Im Spiegel der deutschsprachigen Literaturkritik.* Bonn, 1987, S. 213–215. Ursprünglich veröffentlich in: NEUE ZÜRICHER ZEITUNG, Fernausgabe Nr. 109, vom 14.05.1985, S. 35.

Worterklärungen: 1 Idiosynkratie – Überempfindlichkeit; 2 Topografie – Orts-/Lagebeschreibung/-darstellung; 3 Lakonismus/-en – Kürze des Ausdrucks; 4 Manierismen – gekünstelte Anwendung eines Stils; 5 Primaner – Oberstufenschüler; 6 Satiriker – Verfasser ironisch-witziger od. künstlerischer Darstellung und Kritik menschlicher Schwächen und Laster

---

Aufgabenstellung:

1. Fassen Sie den Inhalt der Rezension kurz zusammen und analysieren Sie diese.
2. Beurteilen Sie die Rezension, indem Sie sich erörternd mit Mecklenburgs Perspektive und Ihrer eigenen Sichtweise auf den Roman auseinandersetzen.

1. Erstes Überfliegen des Textes – Aufgabenstellung erfassen → **2.** → **3.** → **4.** → **5.** → **6.**

Überfliegen Sie die Rezension und verschaffen Sie sich einen ersten Eindruck.

Wer spricht/beurteilt	►	Rezensent
in welchem Medium	►	Zeitung, Buch, Zeitschrift
worüber/was	►	Thema
in welcher Weise?	►	Intention

Halten Sie in kurzen Stichpunkten fest, wie der Rezensent das Werk einschätzt.

- Der Autor bespricht das Werk anlässlich der Veröffentlichung nach Johnsons Tod.
- Das Werk erfährt eine grundlegend positive Einschätzung, es wird als „unwahrscheinliche Leistung" bewertet.

Lesen Sie die Aufgabenstellung. Achten Sie besonders auf die Arbeitsanweisungen (Operatoren) sowie vorgegebene Analyseaspekte.

Der Aufgabenteil besteht aus zwei Aufgaben, von denen die erste Aufgabe zwei Teilaufgaben beinhaltet. Die **erste Teilaufgabe** (Aufgabe 1) verlangt von Ihnen zunächst durch den Operator „zusammenfassen", dass Sie den Inhalt der Rezension wiedergeben. Achtung: Dies soll nur kurz (!) erfolgen. Der Hauptteil der Aufgabe 1 besteht in der **zweiten Teilaufgabe**, die im Operator „analysieren" von Ihnen eine eingehende Untersuchung der Argumente und Bewertung des Rezensenten erwartet.
In **Aufgabe 2** sollen Sie schließlich eine eigene Position zu Johnsons Werk erarbeiten und es auf der Grundlage Ihrer eigenen Position und (!) der des Rezensenten erörternd beurteilen. Dabei sollten Sie auch unterrichtlich erarbeitete Aspekte einbeziehen.

1. → **2. Text aspektorientiert erschließen** → **3.** → **4.** → **5.** → **6.**

Teilschritt: Inhaltssicherung und Zusammenfassung (→ 1. Teilaufgabe)

Lesen Sie die Rezension genau und gliedern Sie sie in Sinnabschnitte (Zwischenüberschriften, Schlüsselwörter markieren, Randnotizen). Berücksichtigen Sie dabei auch schon die Argumentationsstruktur.

1. Abschnitt, Zeile 1-8: Einstieg über den Inhalt des Romans. Geschichte wird als „heiter und bitter" (Z. 1) eingeführt (implizite Wertung); Vorwegnahme der Gesamtbewertung des Romans als „unwahrscheinliche Leistung"; Einstimmung auf eine positive Bewertung.
2. Abschnitt, Zeile 9-18: Darstellung der Biografie Johnsons und seines Motivs zu schreiben; beide sind laut Mecklenburg untrennbar miteinander verbunden.
3. Abschnitt, Zeile 19-27: Geschichte der Veröffentlichung des Romans wird dargestellt und bewertet; Widerspruch zwischen der ersten Ablehnung durch den Suhrkamp Verlag und der Veröffentlichung in eben diesem Verlag wird verdeutlicht.
4. Abschnitt, Zeile 28-38: Bedeutung des Themas für Johnson: Topografie und Personenkonstellation tauchen in Band 4 der „Jahrestage" wieder auf.
5. Abschnitt, Zeile 39-57: Auseinandersetzung mit dem „eigentümlichen" Stil Johnsons und der Anlage der Figuren. Positive Bewertung des Sprachstils durch Herausstellung von dessen Besonderheiten. Positive Bewertung der Figurendarstellung als „Utopie des gelingenden Lebens".
6. Abschnitt, Zeile 50-54: Auseinandersetzung mit Unstimmigkeiten im Text (Erzählung/im Erzählstil). Vermutung einer früheren Textschicht und Verknüpfung zwischen der ersten politischen Motivation Johnsons zu schreiben und einer zweiten literarischen (Thomas-Mann-Verehrer; Erzählung ähnelt dessen Erzählung ‚Tonio Kröger').

Teilschritt: Sprachliche Gestaltung und Darstellungsweise untersuchen (→ 2. Teilaufgabe)

Die sprachliche Darstellung spielt in der Rezension, die als Textsorte einen anderen Text bewertet, eine große Rolle. Sie wird immer zusammen mit der Wirkung (Funktion der sprachlichen Darstellung) analysiert, da Rezensionen bewusst gestaltete Texte sind, die den Leser in einer bestimmten Weise beeinflussen wollen (Leserlenkung). Achten Sie bei Ihrer Untersuchung auf sprachlich-stilistische Aspekte (Satzbau, Wortwahl, rhetorische Mittel), sprachliche Mittel zur Leserlenkung (Wertung, Folgerung, Interesse wecken) und Argumentationsweisen (Argumentationslinie).

Analysieren Sie die sprachliche Darstellung des Textes, indem Sie u. a. sprachliche Mittel und Argumente herausstellen und deren Funktion benennen.

Sprachliche Beobachtungen	*Funktion*
- Einstieg über einen Kontrast: „heitere und bittere Geschichte"	- Interesse beim Leser wecken; Frage: Wie kann etwas gleichzeitig heiter (pos. Konnotation) und bitter (neg. Konnotation) sein?
- Gegensatz wird fortgesetzt: Idylle, Sonne, Liebe vs. Schatten, Muff, Repressionen, Flucht, ungeliebter Westen (Z. 1–4)	- s. o.; Geschichte erscheint interessant und abwechslungsreich in ihren Gegensätzen - Gleichzeitig Information über den Textinhalt
- Positive Gesamteinschätzung in Zeile 5–8: „unwahrscheinliche Leistung" - Gegensatz „unüberhörbar Schüler" und „unüberhörbar großer Erzähler"; sprachliche Wiederholung	- Vorwegnahme der Gesamtbewertung; Erzeugen einer positiven Haltung beim Leser gegenüber dem Text - Leser vom außergewöhnlichen Erzähltalent Johnsons überzeugen
- „Schreibmotiv […] über das er selbst später genaue Auskunft gegeben hat" (Z. 9) - politisch/selbst erlebte Zeit/autobiografisches Erleben	- Beleg der eigenen Einschätzung durch Hinweis auf Johnson selbst - Eindruck von Authentizität, „echter" Literatur soll hervorgerufen werden
- „Lob"/„selbstbewusster junger Autor" (Z. 19; 22) im Gegensatz zu „sperrte sich" und „Idiosynkratie" (Z. 22; 23) - „Lehrzeit gewonnen" (Z. 24) - Ironie: Unseld lehnt ab, schreibt später aber das Nachwort	- Johnsons große Leistung wird durch die Gegenüberstellung mit den ersten negativen Reaktionen auf den Roman noch unterstrichen - dem Leser die positiven Folgen der frühen Ablehnung des Manuskripts verdeutlichen - s. o.
- Irritation: „Johnson selbst hat […] wohl nicht mehr eine Veröffentlichung […] im Auge gehabt	- Provozierung der Frage: Weshalb nicht? Wo doch das Werk inhaltlich gelobt und zu Unrecht nicht veröffentlicht wurde. (Interessanter Gegensatz)
- Bewertung des Stils durch Aufzählung: „eigenwillig", „pointenreich" „parodistisch", „satirisch" (Z. 40 ff.)	- große Bandbreite; vielseitiger und witziger Schriftsteller
- „nicht ganz zu Unrecht Manierismen vorgeworfen" (Z. 42)// „das Gedrehte und Gestelzte" (Z. 45)	- Argument gegen Johnsons Stil, das als unzutreffend entkräftet wird
- Aufzählung Z. 50 f. „schlagfertig, sensibel, nachdenklich, voll Lebensfreude und früh erzwungener Weisheit"	- pos. Charakterisierung von Johnsons Figuren (Ziel: positive Kritik des Romans weiter ausführen, Sympathie mit den Figuren und für das Werk wecken, darüber auch mit Johnson als Autor)

- Kontrast: Sommer/Zeit im Mai	- Erklärung für eine inhaltliche Unstimmigkeit mit einer eigenen Theorie zu einer früheren Textschicht. Eigenes Expertenwissen aufzeigen, dem Leser gegenüber als Literaturkundiger auftreten
- direkte pos. Wertung und Vergleich: „inmitten der jugendfrohen Segelseligkeit der ersten und bereits beachtlich komplexen Erzählarbeit des Thomas-Mann-Verehrers" - Schlussvermutung „Zweites Motiv" (Z.66)	- Rückgriff auf die Einleitung/Rahmenbildung („unwahrscheinliche Leistung") und Gleichstellung Johnsons mit einer der Größen der Literatur (Thomas Mann). Aufwertung des Autors - Textuell auch hier Rahmenbildung zum Anfang der Rezension (Erstes Motiv „politisch", Z.10)

1. → 2. → **3. Eigenständige Position entwickeln** → 4. → 5. → 6.

Da es sich hier um eine Musterklausur handelt, wird im Folgenden beispielhaft eine Position erarbeitet, die aus der Auseinandersetzung mit dem Text erwachsen könnte. Es handelt sich hierbei nur um ein mögliches Angebot, das bei einer anderen eigenen Position natürlich ganz anders aussehen könnte.

Teilschritt: Eine eigenständige Position zu der in der Rezension dargebotenen Position von Mecklenburg erarbeiten. (→ 3. Teilaufgabe)

In der Entwicklung Ihrer eigenen Position müssen Sie sich zunächst mit der Position des Autors auseinandersetzen, damit Sie sich darauf beziehen können. Dabei sollen Sie Ihre Position immer begründet darlegen. Es bietet sich an, anhand der folgenden vier Fragen vorzugehen:

- Welchen Positionen des Autors stimmen Sie zu und warum?
- Welche Positionen lehnen Sie ab und warum?
- Welche Positionen des Autors lassen sich noch weiter differenzieren und warum?
- Welche Aspekte des Romans erfasst der Autor nicht und weshalb sind Sie Ihnen dennoch wichtig?

Setzen Sie sich mit der Position des Autors auseinander und ergänzen Sie seine Position um eigene Aspekte und Sichtweisen.

Zustimmung zur Position des Autors:
- Kontrastreiche Geschichte; positive Beschreibung von Landschaft und Umgebung lässt die schwierigen politischen Themen noch deutlicher hervortreten.
- politisches Schreibmotiv Johnsons
- Die Charaktere Johnsons sind interessant gestaltet; „schlagfertig" – besonders Klaus; „sensibel, voll Lebensfreude" – Ingrid; „nachdenklich" – Jürgen. Eine Identifikation mit den Protagonisten fällt mir leicht.

Kritik an der Position des Autors:
- Die Sprache Johnsons ist – wie Kritiker behaupten (Z.42) schwer verständlich und umständlich. Beispiel: Wörtliche Rede oft nicht erkennbar. Das „Gedrehte und Gestelzte" (Z.45) wirkt erschwerend auf den Lesefluss. Schüler sprechen (auch 1953) anders.

Differenzierung der Position des Autors:

- Würdigung Johnsons als jugendlicher Erzähler: Zustimmung, dass das eine große Leistung ist, in diesem Alter (19-20) so einen (politischen) Roman zu verfassen, dennoch übertrieben positive Wertung: „unüberhörbar Schüler" und „unüberhörbar großer Erzähler".
- Die Charaktere beschränken sich nicht nur auf die Schülergruppe. Auch die Lehrer sind vielfältig gestaltet, Beispiel: politischer Vertreter der DDR Siebmann (Pius); Mitläufer trotz Widerwillen Kollmorgen („Ähnst").

Neue, vom Autor nicht berücksichtigte Aspekte:

- Der Roman ist als Schulroman ein Beispiel für den Konflikt zwischen Jugendlichen und Erwachsenen. Hierbei stehen die Schüler füreinander ein und behaupten sich gegen die Zwänge der DDR-Schule.
- Grundlegende Kritik: Mecklenburgs Rezension macht keine Lust auf das Lesen der Geschichte, da auf zu viele andere Aspekte (Schreibmotiv usw.) eingegangen wird.

1. → 2. → 3. → **4. Gliederung erstellen** → 5. → 6.

Grundlegendes zur Gliederung finden Sie in Musterklausur 1 auf S. 11.

1. Teilaufgabe:

Einleitung

- Autor, Titel, Erscheinungsdatum und Quelle
- Grundaussage/Grundbewertung der Rezension

2. Teilaufgabe:

Hauptteil

Analyse der Rezension, Argumentationsstruktur

- vgl. Arbeitsergebnisse aus den Teilschritten

Schluss

- Zusammenfassung der Analyseergebnisse

3. Teilaufgabe:

Sinnvolle Überleitung von Aufgabe 1. Möglich: Kurze Darlegung der eigenen Position/ Haltung gegenüber Mecklenburg; Oder klassische Überleitung „Im Folgenden werde ich ..."

Hauptteil

- Begründung der eigenen Position in der Auseinandersetzung mit den Argumenten des Rezensenten je nachdem, wie die eigene Meinung ausfällt. (Bei genereller Zustimmung empfiehlt es sich mit den Argumenten zu beginnen, denen man zustimmt und umgekehrt.)

Schluss

- Zusammenfassung der Auseinandersetzung und abschließende Begründung der eigenen Position

Musterlösung
Muster-klausur 3
yn4459

1. → 2. → 3. → 4. → **5. Klausur schreiben** → 6.

Schreiben Sie auf der Grundlage Ihrer Gliederung den Aufsatz.
(Die Zwischenüberschriften dienen nur der Übersicht. In der Klausur sollten Sie sie nicht verwenden, sondern den Text sinnvoll durch Absätze gliedern.)

1. → 2. → 3. → 4. → 5. → **6. Klausur überarbeiten**

Wichtige Hinweise hierzu finden Sie auf S. 15. Bei der Texterörterung können Sie noch bedenken:

- Habe ich eine differenzierte Beurteilung des Textes verfasst und diese hinreichend begründet?
- Sind meine Argumente als solche erkennbar? (Behauptung, Begründung, Beispiel)
- Ist meine Auseinandersetzung kritisch und vielfältig? Anders formuliert: Haben Sie sich mit mehreren verschiedenen Aspekten der Rezension auseinandergesetzt und diese kritisch beleuchtet?

Interpretation „Ingrid Babendererde. Reifeprüfung 1953“ (Uwe Johnson)

1 Voraussetzungen und Rezeption

Begleitumstände

Obwohl eine erste Fassung bereits zwischen 1953 und 1954 entstand (die gedruckte vierte Fassung vollendete Johnson drei Jahre später im Alter von 22 Jahren), erscheint der Roman „Ingrid Babendererde. Reifeprüfung 1953“ erst viele Jahre später, nach seinem Tod im Jahre 1985. Geprägt von diesen Begleitumständen, wird Johnsons erster und zugleich letzter Roman von der Literaturkritik als eine Art Schlüsselroman zu seinem Gesamtwerk bewertet. Obwohl Johnson selbst sich von einer biografischen Auseinandersetzung mit seiner Literatur zu Lebzeiten mehrfach distanzierte, wird der Roman stets im Spiegel der historischen und biografischen Umstände seiner Entstehung beleuchtet.

Biografie Johnsons – Voraussetzungen für „Ingrid Babendererde“

Autorenlexikon
Uwe Johnson
3p8m64

Geboren am 20. Juli 1934 in Kammin in Pommern (heute Kamień Pomorski in Polen), wächst Johnson in Mecklenburg auf, besucht dort das Gymnasium in Güstrow und studiert schließlich Germanistik in Rostock und Leipzig. Geprägt durch das Ende des Zweiten Weltkrieges und den zunächst als positiven Aufbruch aufgefassten Aufbau der DDR wird er Organisationsleiter der FDJ an der Güstrower Oberschule. Die Schule vermittelt ihm eine kritische Haltung gegenüber Propaganda und staatlicher Macht und dennoch führt seine Herkunft als Sohn eines Beamten beinahe dazu, dass er als „bürgerliches Kind“ keinen Studienplatz erhält. Der berufliche Wechsel der Mutter als Schaffnerin vom Personen- in den Güterverkehr könnte zur Zulassung im Jahr 1952 beigetragen haben. Während des Studiums gerät Johnson in den Konflikt um die Junge Gemeinde, der auch das Hauptthema des Romans „Ingrid Babendererde“ darstellt. Er weigert sich, öffentlich gegen die Junge Gemeinde zu sprechen und steht nach einer Rede am 5. Mai 1953, in der er bestreitet, dass die Junge Gemeinde illegal handle und an Überfällen beteiligt sei, kurz vor der Exmatrikulation. Seinen Roman „Ingrid Babendererde“, bietet er erfolglos erst ostdeutschen und dann dem westdeutschen Suhrkamp Verlag an. Die Gründe für die Ablehnung werden von Johnson selbst, aber auch im Literaturbetrieb immer wieder thematisiert. Der Roman wird, obwohl Johnsons Talent durchaus wahrgenommen wird, von Lektoren und Verlegern als unausgereift und sprachlich und inhaltlich überarbeitungswürdig eingestuft. Da zu Johnsons Lebzeiten jedoch immer wieder über die Nichtveröffentlichung diskutiert wird, ohne dass jemand den Text kennt, wird die Erzählung bereits vor ihrem Erscheinen 1985 von großen Erwartungen begleitet.

Rezeptionsgeschichte

Die Rezensionen und die Rezeptionsgeschichte zu „Ingrid Babendererde“ spiegeln diese Situation wider, indem immer wieder die Entstehungs- und Veröffentlichungsgeschichte vor dem Textinhalt oder der Textqualität beurteilt werden und der Roman oft mehr als biografisches Dokument denn als literarisches Werk untersucht wird. Nach der frühen Ablehnung des Textes wollte Johnson seinen Roman nicht mehr veröffentlichen. In einer Vorlesung an der Universität Frankfurt (veröffentlicht unter dem Titel „Begleitumstände“) äußert er sich teilweise kritisch zu seinen Umarbeitungsversuchen und der textuellen Form der Erzählung. Im Hinblick auf das Lebenswerk Johnsons ist er jedoch sowohl von den Figuren, auf die in den späteren Werken ähnlich konzeptualisierte Figuren folgen, als auch hinsichtlich seiner Erzählweise von Bedeutung. In seiner späteren Romanreihe „Jahrestage. Aus dem Leben von Gesine Cresspahl“ hat Johnson die Geschichte von Ingrid noch einmal aufgegriffen.

Weitere Hauptwerke Johnsons

Nach den ersten erfolglosen Versuchen, „Ingrid Babendererde“ zu veröffentlichen zieht Johnson – nachdem Mutter und Schwester bereits 1956 geflohen waren – 1959 nach Westberlin. Hier erscheinen nun die ersten beiden Romane „Mutmaßungen über Jakob“ (1959) und „Das dritte Buch über Achim“ (1961). Beide Erzählungen setzen sich, wie „Ingrid Babendererde“, mit der Lebenssituation in der DDR auseinander und stellen die Auswirkungen von politischen Entscheidungen auf das Leben der Figuren in den Mittelpunkt. Nach einem dreijährigen Aufenthalt in New York (1966–1968) und der Rückkehr nach Berlin erscheint dort 1970 der erste von vier Bänden der Romanreihe „Jahrestage. Aus dem Leben von Gesine Cresspahl“ (1970, 1971, 1973 und 1983), das als Johnsons Hauptwerk gilt. Die Reihe erzählt das Leben der 1933 geborenen Titelfigur und verbindet deren Familiengeschichte mit den jeweiligen politischen Ereignissen. Auch hier liegt der Fokus auf der Auseinandersetzung mit der Teilung Deutschlands. 1974 zieht Johnson nach Sheerness on Sea (England). Er wird dort am 12. März 1984 tot aufgefunden; verstorben ist er vermutlich in der Nacht vom 23. auf den 24. Februar.

Auf einen Blick

- Der Roman entstand bereits 1953/54, wurde aber erst nach dem Tod Johnsons 1985 veröffentlicht.
- Ostdeutsche Verlage und der westdeutsche Suhrkamp-Verlag lehnten das Manuskript ab.
- Oft wird der Roman als autobiografisches Dokument gelesen, denn er enthält eine ganze Reihe an Bezügen zu Uwe Johnsons Leben
- Die grundlegende Problematik des Romans, die Auseinandersetzung mit den politischen Umständen in der DDR, zieht sich durch Johnsons Gesamtwerk.

2 Inhaltsübersicht und Erzählstruktur (Aufbau)

Der Inhalt des Romans ist, auf den Punkt gebracht, die Geschichte einer Dreierfreundschaft in einer fiktiven mecklenburgischen Kleinstadt in den ersten Jahren der DDR, in der kurz vor dem Abitur zwei Schüler, die Protagonisten Ingrid und Klaus, aufgrund der politischen Situation in der Kleinstadt und an der Schule nach Westberlin fliehen.

Die Grundzüge der Handlung können knapp zusammengefasst werden; der Handlungsverlauf ist aber sehr komplex gestaltet und eng mit der Erzählstruktur verbunden. Inhalt und Aufbau werden deshalb gemeinsam betrachtet. Die Geschichte wird aus der Perspektive der schon geflohenen Protagonisten erzählt. So beginnt die Erzählung in einem kursiv gesetzten Abschnitt, der mit den Worten „Andererseits" eingeleitet wird und die Flucht der beiden Protagonisten Ingrid und Klaus im Zug nach Westberlin, Bahnhof Zoologischer Garten, schildert. Die Ereignisse, die zu dieser Flucht geführt haben, werden nun in einem nachfolgenden Rückblick, eingeleitet durch „Einerseits", in 61 Kapiteln erzählt, die wiederum durch vier weitere kursiv gesetzte Textabschnitte in vier Blöcke eingeteilt werden.

knappe Inhaltsbestimmung

Kapitelaufteilung, Textstruktur

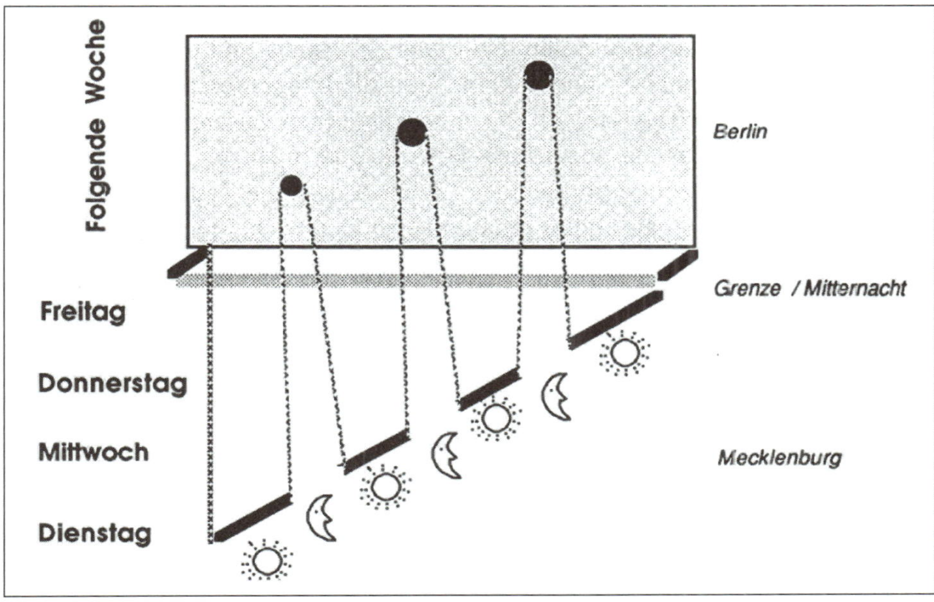

Quelle:
Wunsch, Beate: Studien zu Uwe Johnsons früher Erzählung Ingrid Babendererde. Reifeprüfung 1953. In: Literaturhistorische Untersuchungen. Band 18. Hrsg. von Theo Buck. Frankfurt a. M. u. a., 1991.

Beide Erzählanfänge beschreiben die Bewegung von Verkehrsmitteln. Ein Zug hinaus aus Ostdeutschland nach Westberlin (örtlich „auf der anderen Seite" – „andererseits der Grenze") und ein Boot hinein in die Erzähllandschaft um den (später in den „Jahrestagen" „Wendisch Burg" genannten) Handlungsort („einerseits der Grenze"). Zusammen mit dem Schluss der Erzählung, der – ebenfalls kursiv gesetzt – die Flucht der Protagonisten mit einem Boot (vom „Einerseits" ins „Andererseits") schildert, bildet sich so eine Rahmenstruktur für den gesamten Roman.

Zeitlich umfasst der rückblickende Erzählteil des Romans (die 61 Kapitel) die letzte Schulwoche der beiden Protagonisten, beginnend am Dienstag bis zur Flucht von Freitag auf Samstag. Der **erste Abschnitt** (Dienstag) besteht aus den **Kapiteln 1 bis 15**. Wir lernen in einer kurzen Episode den Lebens-

Kapitel 1–15

ort von Klaus Niehbuhr und seiner Familie, die Schleuse, sowie seinen Bruder Günter und seine Tante kennen (Kap. 1) und bekommen einen Einblick in den Schulalltag der Klasse 12 A. Die **Kapitel 2 bis 4** schildern einige Minuten im Schulalltag der Protagonisten. Eine langweile Atmosphäre entfaltet sich, in der die Schüler die Minuten zählen, während sie im Erdkundeunterricht des Lehrers Dr. Kollmorgen (Spitzname „Ähnst") auf das Ende der Stunde warten. Zugleich wird deutlich, dass es sich um eine Schule im Sozialismus handelt, das Stundenthema ist die Umgestaltung der DDR durch die Sowjetunion, im Schulgang hängt ein Banner „DIE ARBEIT AN DEN OBERSCHULEN MECKLENBURGS IST EIN KAMPF UM FRIEDEN UND EINHEIT FÜR DEUTSCHLAND". Erste Haltungen der Protagonisten zum Sozialismus (Klaus provoziert „Ähnst" zum Thema Klassenkampf; Jürgen ärgert sich darüber) und die Beziehung der drei untereinander werden deutlich. Während Klaus und Ingrid sich langsam als Paar herauskristallisieren, zeigt sich, dass Jürgen ebenfalls an Ingrid interessiert ist. In den **Kapiteln 5 bis 7** werden Klaus, der für Ingrid einen Armreif beim Juwelier abholt, Ingrid und ihre Mutter sowie Klaus´ Familiengeschichte thematisiert. In **Kapitel 6** deutet sich erstmals der Konflikt des Romans an, wenn Klaus und sein Bruder Günter darüber sprechen, dass Elisabeth Rehfelde dem FDJ-Vorsitzenden Hannes Seevken ihr Mitgliedsbuch vor die Füße geworfen hat. Auch Ingrid denkt in **Kapitel 8** über ihren Austritt aus der FDJ nach. Die folgenden **Kapitel 9 bis 11** beleuchten nun eher die Dreierbeziehung zwischen dem Paar Klaus und Ingrid, die am großen See sommerlich segeln, und Jürgen, der währenddessen in **Kapitel 10** alleine Mathe lernt und dabei in Gedanken bei Klaus und Ingrid ist. Hier zeigt Jürgen zum ersten Mal Anzeichen von Eifersucht, wenn er beim Anblick der beiden anderen sagt, dass er „weise werden möchte […] vor Herzeleid und Freundschaft" (S. 47). In den letzten **Dienstags-Kapiteln 12 bis 15** steht dann der Konflikt zwischen der Jungen Gemeinde und der FDJ im Zentrum. Jürgen und die FDJ-Gruppe streiten sich in **Kapitel 12** während einer Sitzung um den Vorfall, der hier erstmals ganz geschildert wird. Ingrid unterhält sich in **Kapitel 13** zu Hause mit ihrer Mutter darüber. Der Tag klingt im **Kapitel 15** damit aus, dass die Protagonisten gemeinsam bei der Schleuse sind und in den Wald gehen.

Erste Zwischenepisode

Die **erste Zwischenepisode** schließt zeitlich direkt an den Romananfang an. Ingrid und Klaus befinden sich mittlerweile im Berliner „Zoologischen Garten" nahe des gleichnamigen Bahnhofs und betrachten dort die Bären. Sie haben ihr Geld in Westmark getauscht und die Stimmung ist, im Gegensatz zum fröhlichen Treiben im und am Gehege, gedrückt.

Kapitel 16–28

Der **zweite Abschnitt** des Romans, **Kapitel 16 bis 28**, besteht größtenteils aus Episoden, die in der Schule verortet sind und zeitlich den Mittwoch umfassen. Geschildert werden Szenen aus dem Unterricht, in denen die politischen und menschlichen Konflikte zwischen Schülern und Lehrern zu Tage treten. Wichtig für den Handlungsverlauf ist das Geschehen um Elisabeth Rehfelde. In **Kapitel 19** gibt Jürgen ihr das abgegebene Parteimitgliedsbuch zurück und kann so in **Kapitel 25**, das eine Sitzung der Partei in der Schule unter der Leitung des Schulleiters Siebmann (Pius) beinhaltet, gegen den geplanten Ausschluss von Elisabeth Rehfelde aus der Schule stimmen. Für diese Haltung wird Jürgen abgemahnt. In den übrigen Kapiteln werden die Beziehungen der Figuren untereinander dargestellt. So ist in **Kapitel 24** beispielsweise noch einmal die Dreiecksbeziehung zwischen Ingrid, Klaus und Jürgen Thema, in den **Kapiteln 26** bekommen wir einen Eindruck von Jürgens und in **Kapitel 27** von Klaus´ Familienleben.

Zweite Zwischenepisode

In der **zweiten Zwischenepisode** befinden sich Ingrid und Klaus in der Berliner Wohnung ihres ehemaligen Schulkameraden Jochen Schmidt, der zwei Jahre vor Ingrid und Klaus nach Westberlin geflohen ist. Die Szene spielt nachts, Klaus und Jochen unterhalten sich über die neue Freiheit, die beide als wichtig und besonders hervorheben.

Kapitel 29–48

Im **dritten Abschnitt**, **Kapitel 29 bis 48**, spitzen sich die Ereignisse zu. Beginnend mit den **Kapiteln 29 bis 33**, wird die angespannte Atmosphäre sowohl in der Schule als auch zwischen den Protagonisten deutlich. Klaus, der zunächst nicht zur Schule erscheint und mit seinem Bruder schwimmen geht, kommt auf Jürgens Bitte trotz des zwischen den beiden schwelenden Konflikts zur Lateinarbeit, in der er neben der eigentlichen Übersetzung einen weiteren, wie wir in **Kapitel 42** erfahren – politischen – Text verfasst. Zentral für diesen Abschnitt ist eine Versammlung der gesamten Schule anlässlich der Konflikte um die Junge Gemeinde, aufgeteilt in die **Kapitel 34 und 41**. Die gesamte Schulgemeinschaft befindet sich in der Aula, in der Direktor Siebmann gegen die Junge Gemeinde spricht und deren Mitglieder zur Stellungnahme auffordert. Peter Beetz stellt sich der Aufforderung und es kommt zu einem Streit zwischen ihm und Siebmann. Schließlich distanzieren sich einige Schüler offen von der Jungen Gemeinde und die Versammlung wird aufgrund von Unruhe vorerst abgebrochen. Der zweite Teil der Versammlung in **Kapitel 41** wird von **Ingrids Rede** geprägt. Von Siebmann aufgefordert, sich gegen die Junge Gemeinde zu positionieren, richtet sie sich mit einer Rede über die Hosen der Mitschülerin Eva Mau an die Versammlung, in der sie die Tatsache, dass Eva Mau ihre offensichtlich aus dem Westen stammenden Hosen auf Geheiß des Schulleiters nicht tragen sollte, dazu nutzt, sich für die Freiheit des Einzelnen auszusprechen. Die **Kapitel 37 bis 39** enthalten Rückblicke in die Vergangenheit; es wird die Entstehung der Freundschaft zwischen Ingrid, Klaus und Jürgen erzählt, über Siebmanns Karriere berichtet und die Herkunft der Schülerinnen und Schüler näher beschrieben. Die **Kapitel 42 bis 48** nach der Versammlung schildern schließlich in Momentaufnahmen die Reaktionen der Figuren auf das Geschehen und deuten unter anderem an, dass Elisabeth Rehfelde mit dem Zug die Stadt verlässt.

Dritte Zwischenepisode

Zu Beginn der **dritten Zwischenepisode** befindet sich Elisabeth Rehfelde zeitgleich mit Klaus und Ingrid am Flughafen Berlin; Klaus und Ingrid trennen sich hier voneinander. Während er in ein Flugzeug nach Hannover steigt, fliegt Ingrid weiter nach Hamburg, um von dort aus nach Lübeck zu ihrer Verwandtschaft zu gelangen. Das Ziel von Elisabeth bleibt unbekannt.

Kapitel 49–61

Die **Kapitel 49 bis 61** bilden den **letzten Abschnitt** und schildern die Geschehnisse vor der Flucht von Klaus und Ingrid (Freitag). Nach ihrer Rede in der Schule befindet Ingrid sich zunächst zu Hause. Auf dem Weg in die Stadt muss sie feststellen, dass sie durch die Staatssicherheit überwacht und verfolgt wird. In ihrer Abwesenheit lässt Direktor Siebmann eine Resolution durch die Klassen gehen, in der der Ausschluss von Ingrid und Peter Beetz von der Schule bekanntgegeben wird **(Kapitel 52)** und von den Schülern per Unterschrift gebilligt werden soll. Klaus verlässt als Reaktion darauf die Klasse und meldet sich, wie wir später erfahren, schriftlich von der Schule ab. Jürgen wird von Siebmann zu einem Gespräch gebeten, in dem er gegen seine Freunde aussagen soll. Als er sich weigert, nähere Angaben zu den beiden zu machen, wird ihm eine Rüge erteilt. In **Kapitel 53 und 54** deutet sich die Flucht der beiden über Berlin nach Hannover bzw. Lübeck an. Die Familien sind eingeweiht und insbesondere Klaus´ jüngerer Bruder Günter reagiert traurig auf das Vorhaben. In den **Kapiteln 55, 57 und 59** wird das letzte gemeinsame Segeln von Jürgen, Klaus und Ingrid geschildert, bei dem sie als Team gegen ein schweres Unwetter bestehen. Die drei vertragen sich nach den Ereignissen beinahe stillschweigend. Jürgen und Klaus verabschieden sich in **Kapitel 60** am Abend voneinander, bis Klaus schließlich in **Kapitel 61** Ingrid zur Flucht zunächst mit dem Boot über den See und dann mit dem Zug weiter nach Berlin abholt.

Abschlussepisode

Die **Abschlussepisode** schließt, anders als bisher, zeitlich nicht an die vorhergehenden Zwischenepisoden, sondern an den letzten Tag der Erzählung an. Die Schilderung der Flucht mit dem Boot bildet den Abschluss des Romans.

Auf einen Blick

- Die Handlungsstruktur ist in mehrerlei Hinsicht bedeutend; vor allem die Konstruktion mit zeitlich aufeinanderfolgenden Zwischenepisoden und Rückblicken prägt den Verlauf der Erzählung.
- Die Flucht der Protagonisten Klaus und Ingrid wird am Erzählanfang vorweggenommen.
- Der zweite Erzählanfang, der zum ersten antithetisch aufgebaut ist („Andererseits"/ „Einerseits") führt erst in den Handlungsverlauf ein, der zur Flucht (Zwischenepisoden) führt.
- Erzählt wird die letzte Schulwoche der Protagonisten Klaus, Ingrid und Jürgen von Dienstag bis Freitagnacht. Dabei stehen der Konflikt um die Junge Gemeinde, das bevorstehende Abitur (Reifeprüfung), das Schulleben, das nachmittägliche Segeln und die Freundschaft/ Liebesbeziehung der Protagonisten im Zentrum.

3 Figuren und Figurenkonstellation

Als zentrale Figuren sind zunächst die Protagonisten Ingrid, Klaus und Jürgen zu nennen. Die Dreierkonstellation prägt nicht nur grundsätzlich die Geschehnisse im Roman, sondern beeinflusst auch das Verhalten der Figuren im Einzelnen.
Klaus ist seit seinem Zuzug in die Stadt mit **Jürgen** befreundet (S. 154). Klaus´ Eltern wurden im Widerstand gegen die Nazis getötet, Jürgens Vater hingegen starb als Nationalsozialist im Krieg. Beide Jungen wachsen also ohne Vater auf.

Klaus

Klaus wohnt mit seinem jüngeren Bruder Günter, für den er auch eine Art Erzieher ist (vgl. Kap. 29), bei seinem Onkel und seiner Tante. Das Verhältnis zu ihnen ist zwar gut, aber nicht von einem sonderlich regen Austausch gekennzeichnet. Aufgrund seiner Familiengeschichte ist Klaus misstrauisch gegenüber Politik und Propaganda und verlegt sich auf das Ironisieren seiner (politischen) Umgebung. Er zieht sich aus der aktiven Arbeit als FDJ-Mitglied zurück und bleibt der entscheidenden Abstimmung über Ingrids Schicksal fern. Seine politische Einstellung tut er durch indirekte, oft ironische Bemerkungen kund, wenn er etwa im Englischunterricht mit Jürgen indirekt über den Sozialismus streitet, ein Brecht'sches Sonett im Deutschunterricht provokant vorträgt und neben der Lateinarbeit eine politische Parabel verfasst. Klaus nutzt vor allem literarisch-künstlerische Mittel, um seine Uneinigkeit mit der Umgebung auszudrücken, eine Art spielerischer Abwehr. Zu Ingrid hat Klaus eine innige Beziehung, wenngleich seine Gefühle eher indirekt deutlich werden. Beide verbringen oft Zeit miteinander und segeln mit der „Squit", dem einzigen Erbstück seiner Eltern, das er ursprünglich mit Jürgen restauriert hatte.

Jürgen

Ebenso wie Klaus ist **Jürgen** mit seiner Umgebung uneins und grübelt viel. Anders als Klaus, ist Jürgen aktiv in der Partei engagiert. Er agiert eher direkt, statt wie Klaus ironisch zu reagieren. Er spricht vor der Schulversammlung und handelt in den Sitzungen, anstatt sich rauszuhalten. Er kann somit als praktisch handelnder, politisch aktiv engagierter, intellektueller Jugendlicher bezeichnet werden. Besonders bei Jürgen vermischen sich Politik und Privatleben beinahe untrennbar. In den Ferien besucht er beispielsweise eine Sonderschule der FDJ (S. 164), abends und in seiner Freizeit nimmt er an Parteisitzungen teil, während Ingrid und Klaus segeln gehen. Dennoch nähert sich Jürgen im Verlauf der Erzählung Klaus an, bis er sich schließlich (Kap. 52) trotz einer Rüge vom Schulleiter für seine Freunde entscheidet. Jürgen leidet unter der Beziehung von Klaus und Ingrid. Er hat „beide übermäßig gern" (S. 26), fühlt sich aber auch oft einsam (Kap. 10 und 12), weil er oft außen vor bleibt. In seinem Verhältnis zu Klaus spielt auch die unterschiedliche politische Entwicklung eine Rolle, die oft zu Konflikten führt. Ebenso wie Klaus hat er ein jüngeres Geschwisterkind, eine Schwester, für die er auch einen Teil der Erziehung übernimmt. Mit seiner Mutter ist er nicht zuletzt aufgrund seines politischen Engagements für den Sozialismus zerstritten, vertritt er doch genau das, was sein Vater, der in der NS-Zeit eine höhere Stelle innehatte, politisch bekämpft hatte.

Ingrid

Die bei Klaus und Jürgen eher problematischen Familienverhältnisse sind bei **Ingrid** ins Gegenteil gespiegelt. Sie wächst ebenfalls ohne Vater auf, hat aber eine sehr enge, innige und harmonische Beziehung zu ihrer Mutter. Beide werden als lebensfrohe und fröhliche Menschen charakterisiert (S. 30), sind sich in ihrer Redeweise und im Umgang mit der politischen Situation ähnlich und behandeln sich gegenseitig mit Respekt. Ingrids Mutter interessiert sich nicht nur für Ingrids schulische Fortschritte, sondern auch für ihre Probleme mit Freunden. Im Konflikt um die Junge Gemeinde ist Ingrid, anders als die Jungen, aber zunächst nur Zuschauerin, wenngleich sie „angestrengte Teilnahme" (S. 84) zeigt und Klaus´ Distanzierungsversuche deutlich ablehnt (S. 149 f.). In dieser Hinsicht vollzieht Ingrid den deutlichsten Wandel der drei Protagonisten, wenn sie in der Schulversammlung plötzlich zum Mittelpunkt wird und dort ihre politische Meinung in einer zunächst naiv anmutenden Rede über Hosen explizit vertritt. Ingrid ist jedoch auch ein undurchsichtiger Charakter, da ihre innere Motivation und ihre Persönlichkeit verdeckt bleiben; es bleibt z. B. bis zum Schluss unklar, was sie bewegt, ihre Rede so zu halten. Ingrid wird als liebenswert, sehr schön, unternehmungslustig und freundlich beschrieben. Auf ihre Freundschaft zu Klaus und Jürgen wirkt sich einerseits negativ aus, dass sie mit Klaus eine Liebesbeziehung eingeht; andererseits stabilisiert Ingrid die Freundschaft der Jungen aber auch, indem die beiden immer wieder zusammenführt.

Lehrer

Einen weiteren wichtigen Teil in der Figurenkonstellation nehmen die **Lehrer der Klasse 12 A** ein, da sie den Schülern die Gelegenheit zur Auseinandersetzung geben und die politische Situation im Roman deutlicher werden lassen.

In der Schulversammlung (Kapitel 34) werden sie in zwei Lager geteilt: das bürgerliche Lager, dem Herr Sedenbohm (Sir Ernest / der Hochverehrte; Englisch und Latein), Fräulein Danzig (Physik), Dr. Kollmorgen (Ähnst; Erdkunde), Dr. Drogmöller (Biologie) und Dr. Krantz (Mathematik) zugerechnet werden, und das sozialistische Lager, zu dem Direktor Siebmann (Pius; Geschichte; Gesellschaftskunde, Sport) und Frau Behrens (DAS BLONDE GIFT; Deutsch) zählen. Besonders hervorgehoben wird Herr Sedenbohm, der zwar grundsätzlich nicht viel von der Klasse 12 A hält (S. 133), sich aber mit manchen Schülern privat trifft (S. 191). Die Schüler kennen seine Gewohnheiten und kommentieren diese liebevoll. Er erscheint zwar nach außen hin abweisend, weiß aber beispielsweise, dass Jürgen mit der Beziehung von Ingrid und Klaus Schwierigkeiten hat (S. 77). Er wurde als Direktor von Siebmann abgelöst und hat demnach besonders mit der politischen Situation zu kämpfen, zeigt dies aber nicht offen. Ebenso zurückhaltend verhält sich der Erdkundelehrer Dr. Kollmorgen (Ähnst). Obwohl oder gerade weil er seine eigene Tochter in die Christenlehre (S. 27) schickt, äußert er sich nicht direkt zu politischen Themen. Die Schüler wissen, dass er nicht an die sozialistischen Theorien glaubt, wollen ihm aber keine Unannehmlichkeiten bereiten, da sie davon ausgehen, dass er aufgrund seines Privatlebens ohnehin in Schwierigkeiten steckt. In der Mathestunde von Dr. Krantz kehrt sich das gewohnte Lehrer-Schüler-Verhältnis um: Krantz zeigt im Umgang mit Klaus völlige Ratlosigkeit und wischt schließlich seine eigene Aufgabe, die er in der Situation als absurd erkennt, von der Tafel und zeigt so, dass die Schüler (Klaus), eher ihm eine Lektion erteilen als er ihnen. **Bürgerliches Lager**

Fräulein Danzig und Dr. Drogmöller stehen für den Lehrertypus, der sich aus der Verantwortung zurückzieht.

Die „andere Seite" wird durch die Lehrer Siebmann und Frau Behrens vertreten. Beide verkörpern einen jungen Lehrertyp, der die sozialistische Ideologie zuverlässig vertritt. Die Schüler jedoch fühlen sich von beiden Lehrern abgestoßen und kritisieren deren Haltung. Siebmanns betont freundschaftliches Verhalten (Weiteres zu Direktor Siebmann finden Sie in Musterklausur 1) wird von ihnen ebenso verurteilt wie das strenge und autoritäre Auftreten von Frau Behrens, die „DAS BLONDE GIFT" genannt wird. In der Darstellung der unterschiedlichen Lehrertypen ist der Umgang der Erwachsenenwelt mit der politischen Situation deutlich erkennbar, der von den Schülern nicht nur beobachtet, sondern beurteilt und beinahe seziert wird. **Staatstreue Lehrer**

Die übrigen Figuren spielen in der Gesamtkonstellation des Romans eine eher untergeordnete Rolle, wenngleich sie natürlich vor allem im Hinblick auf die Ereignisse um die Junge Gemeinde oder aber zur näheren Charakterisierung der Protagonisten wichtig sind (vor allem Günter, Familienangehörige, Elisabeth Rehfelde, Peter Beetz).

Auf einen Blick

- **Die Beziehung zwischen Klaus, Ingrid und Jürgen ist zentral für die Figurenkonstellation.**
- **Klaus hält sich als intelligenter, ironischer Schüler aus den Konflikten um die Junge Gemeinde heraus. Er hat mit Ingrid eine Liebesbeziehung.**
- **Jürgen spielt als praktischer Politiker im Konflikt eine aktive Rolle. Obwohl er sich für den Sozialismus einsetzt, hält er doch am Ende zu seinen Freunden. Jürgen leidet unter der Beziehung von Klaus und Ingrid, da er selbst in Ingrid verliebt ist.**
- **Ingrid ist im Konflikt um die Junge Gemeinde zunächst eher Zuschauerin und wandelt sich dann am deutlichsten, als sie die zentrale Rede in der Aula zugunsten der Jungen Gemeinde und der freien Meinungsäußerung hält. Ingrid weiß um die Problematik zwischen ihr, Klaus und Jürgen. Sie verbindet die Jungen dennoch durch ihre Freundschaft zu beiden auch miteinander.**
- **Den Schülern gegenüber stehen die Lehrer, die dem „bürgerlichen" Lager und den „anderen", den staatstreuen Lehrern zugeordnet werden. Sie verkörpern unterschiedliche Strategien, mit der Staatsideologie an der Schule umzugehen und dieser zu begegnen. Dabei werden sie von den Schülern scharf beobachtet und analysiert.**

4 Erzählperspektive (Erzähler)

Erzähler

Die Erzählperspektive des Romans kann nicht sinnvoll mit den üblichen Kategorien nach Stanzel (personal, auktorial, Ich-Erzähler) erfasst werden, da der Erzähler multiperspektivisch in Erscheinung tritt. Er greift auffällig in die Erzählung ein und erzählt zum einen aus der Er-Perspektive, bei der er auf der Ebene der Schüler zu stehen scheint, zum anderen jedoch auch mit deutlichen auktorialen Elementen, die über das Figurenerleben hinausgehen. Als Er-Erzähler hat er keine eigene Personalität, eine konkrete Situation seines Erzählens kann nicht erfasst werden. Dennoch ist deutlich erkennbar, dass er die Perspektive der Schüler einnimmt und in seinen Kommentaren ebenso wie in seiner Perspektive auf das Geschehen parteiisch zu ihnen hält. Gleichzeitig überschreitet er das Wissen der Figuren. Bereits am Anfang des Romans wird dies anhand der Erzählstruktur deutlich, wenn er eine Wendung des alltäglichen Sprachgebrauchs umkehrt („Andererseits" – „Einerseits"), den Ausgang der Erzählung, die Flucht von Ingrid und Klaus, vorwegnimmt und die Woche vor diesem Ereignis in der Rückschau erzählt. Gleichzeitig gibt es im Roman aber auch einige personale Erzählpassagen, in denen der Erzähler hinter seine Figuren zurücktritt, wie etwa in Kapitel 5, in dem Klaus das Armband für Ingrid kauft und das Geschehen ganz aus seiner Perspektive geschildert wird. Es finden sich weitere personale Perspektiven von Klaus, Ingrid und Jürgen, aber auch von Frau Petersen (Jürgens Mutter) und Katina (Ingrids Mutter). Innerhalb der personal erzählten Passagen kommentiert der Erzähler jedoch auch immer wieder das Geschehen, so dass die Nähe des Lesers zu den Figuren wieder aufgehoben wird. Das Mittel des Erzählerkommentars wird im gesamten Roman häufig eingesetzt. Man kann dabei Kommentare zur Handlung von Kommentaren des Erzählers zu seinem eigenen Erzählverhalten (vgl. S. 194: „[...] und es ist also zu reden von dem Lauf der Welt") unterscheiden.

Innerer Monolog und Dialog

Neben inneren Monologen und Dialogen der Figuren selbst findet sich auch das Mittel der Montage in der Erzählung. Besonders deutlich wird dies in Kapitel 50, in dem Ingrid von der Staatssicherheit beschattet wird. In Parallelmontage werden hier wird sowohl die Sichtweise Ingrids als auch die Perspektiven der Stadtbewohner dargestellt.

Figurenrede

In den Dialogen ist der Erzähler auch durch die so genannte Figurenrede präsent, wenn er beispielsweise in der Aula-Szene zwischen Peter Beetz und dem Präsidium (Kap. 34) die wörtliche Rede der Figur nicht direkt, sondern durch seine Perspektive referiert. Damit steht der Erzähler als Mittler zwischen der eigentlichen Rede der Figur und dem Leser. Deutlich wird das Eingreifen des Erzählers in die Figurenrede auch durch die den Lesefluss teilweise erschwerenden fehlenden Anführungszeichen der wörtlichen Rede und die eigenwillige Interpunktion (vgl. dazu auch Abschnitt 5 „Sprache und Stil"). Es bleibt unklar, was wörtliche, erlebte und indirekte Rede ist.
Der Erzähler verunklart das Textverständnis durch seine Mehrstimmigkeit und die wechselnden Perspektiven und sein kommentierendes Eingreifen derart, dass es fast unmöglich scheint, die Erzählung neutral/objektiv zu lesen.
Literaturwissenschaftliche Analysen zum Roman bieten die Überlegung an, dass sich die Mehrstimmigkeit des Erzählers auch durch die drei verschiedenen Fassungen zu „Ingrid Babendererde" ergeben haben könnte, in denen jeweils ein anderer Erzähler vertreten war, bevor es zur letzten vorliegenden Fassung kam.

Auf einen Blick

- Der Erzähler zeigt sich sowohl durch auktoriale als auch personale Elemente. Er agiert in einer Multiperspektivität.
- Er kann als Erzählerperson nicht erfasst werden (keine eigene Personalität).
- Dennoch scheint er auf der Ebene der Schüler zu stehen (direkte Kommentare und Wertungen der Handlungen und des Geschehens).
- Ebenso werden die Mittel der Montage und der Figurenrede eingesetzt (Paraphrasierung von direkter Rede durch den Erzähler).
- Alle erzählerischen Mittel weisen darauf hin, dass der Erzähler das Textverständnis durch seine Erzählweise bewusst steuert und seine Perspektive diejenige ist, durch die die Geschehnisse gesehen werden sollen. Eine Distanzierung und damit eine Art Objektivierung der Handlung ist nicht möglich.

5 Sprache und Stil

Besonders auffällig erscheint Johnsons Umgang mit der **Redeform und Interpunktion**. Normalerweise leitet ein Doppelpunkt die wörtliche Rede ein; Johnson nutzt ihn jedoch oft zur Unterbrechung oder Verknüpfung von inhaltlich zusammengehörenden Satzteilen. Ebenso verwendet er ihn anstelle einer „dass"-Satz-Konstruktion („Was sie schwiegen war dies: noch neun Minuten", S. 16). Zudem findet sich häufig eine nicht regelgerechte Kommasetzung.

Redeform und Interpunktion

Die **Syntax** wird zugunsten des Inhalts gebeugt, sodass inhaltlich zusammengehörende Elemente trotz nicht regelgerechter Syntax in einen Satz gebracht werden. Damit bewegt sich Johnsons Stil eher im Bereich des mündlichen Sprachgebrauchs als des schriftlichen, ein Eindruck, der durch die häufige Verwendung von Parataxen unterstützt wird. Die Kennzeichnung von wörtlicher Rede als solche bleibt dabei im Unklaren, wodurch auch der Gegensatz zwischen Erzähltext und Personenrede aufgehoben wird (zum Erzähler siehe Abschnitt 4). Johnson selbst äußerte sich dazu zu Lebzeiten dahingehend, dass er besonderen Wert auch auf die akustische Dimension des Textes lege und zur Versprachlichung des geschriebenen Texts auffordere.

Syntax

Kennzeichnend für den Sprachgebrauch sind weiter besondere **semantische** Wortverbindungen und die Verwendung vieler **Adjektive**, die eigene, teils **metaphorische Ausdrücke** schaffen. So ist Ingrid beispielsweise die „herzstockende Ingridschönheit" (S. 40), der Wind läuft „schnurrend an den Segeln hoch" (S. 41), über einen Hügel läuft „ein zitternder Flaum von Gras im Wind" (S. 186), der Wald „warf den eingeschluckten Lärm hinterher" (S. 11). Die Kombination von Adjektiven und Substantiven verdichtet die Situation, wenn Johnson beispielsweise schreibt: „im Gras war eine Grille. Ihr Zirpen stieg beschwörend auf, fiel zusammen in sich, erhob sich nach angefülltem Schweigen von neuem." (S. 59) Die Adjektiv-Substantiv-Kombination wirken jedoch auch teils befremdlich, wenn die Rede ist von der „windige[n] Stille", dem „geringfügige[n] Gewölk" oder dem „verwischte[n] erkältete[n] Grün" (S. 13; 15; 203).

Semantik

Über die **Sprache der Figuren** bringt Johnson die politische Dimension des Romans zum Ausdruck und übt damit auch **Kritik am Sprachgebrauch** in der DDR. Besonders in der Darstellung Siebmanns ist dies zu beobachten. Sein Redestil, bei dem unvermutet abgehackte Sätze aufeinanderfolgen, wird von den Schülern eingehend beschrieben (S. 87f.). Die Sätze werden in Teile zerlegt und jeweils für sich als Satzgebilde gesprochen, bei denen oft Satzglieder fehlen oder ein elliptischer Satzbau vorliegt (vgl. S. 87: „Das heisst. Das heisst die religiös-ideologischen. Interessen des Bürgertums-. Waren immer! Be-män-te-lungen. Der Profitgier!").

Sprache und Figuren

Sprachlich aber auch typografisch wird dadurch deutlich, dass die **Sprache der Politik** oftmals Inhalte, die zum Großteil sinnentleert sind, rhetorisch so darstellt, dass sie bedeutsam klingen. So zeigt Johnson, dass die Sprache nicht die Realität abbildet, sondern in Gestalt inhaltsleerer Worthülsen gerade die Auseinandersetzung mit der Realität verhindert. Auch die Spruchbänder, die lediglich als „weisse Buchstaben auf blauem Tuch" (S. 24) bezeichnet werden, zeigen dies. Die Schüler, die dies erkennen, reagieren hierauf nicht mit Reden, sondern mit Schweigen. Eine andere Dimension der politischer Gesprächskultur zeigt sich am Beispiel Jürgens. In den Sitzungen der FDJ wird Politik geprägt durch Diskussion („redeten alle durcheinander und rauchten", S. 55) und als ein lebendiger Prozess beschrieben. Klaus wiederum nutzt seine Sprache, um die Realität ironisch zu hinterfragen und so seine eigene Position zu finden. Ironie und Spott entlarven die Sprache derjenigen, die mit ihr Macht ausüben wollen, als unbrauchbar. Ingrid wird schließlich wegen einer Rede, in der sie indirekt politisch spricht, von der Schule verwiesen. Der Einsatz von Sprache im Roman reflektiert also in hohem Maße den Umgang der Figuren mit der (politischen) Wirklichkeit, und Gebrauch und Missbrauch von Sprache in dieser Wirklichkeit werden so exemplarisch verdeutlicht.

Sprache und Politik

Der Unterschied zwischen Privatheit/Freizeit und dem politischen/schulischen Sprachgebrauch wird auch dadurch illustriert, dass Johnsons Figuren in die regionale **Mundart** (Niederdeutsch in Mecklenburg) wechseln. So fallen die Schüler oft dann in den Dialekt, wenn sie sich privat und in der Freizeit unterhalten und abgrenzen wollen. Zudem nutzen sie dialektalen Sprachgebrauch auch, um spielerisch ihre Frustration mit dem Geschehen auszudrücken, um gegenseitiges Verständnis zu kommunizieren (vgl. S. 62 und 147) oder emotional schwierige Momente zu überspielen (S. 108). Bei den Erwachsenen wechseln vor allem die Niebuhrs ins Platt; auf diese Weise wird die Heimatverbundenheit vor allem der „Alten" deutlich. Aber auch im Sprachgebrauch von Ingrid und Klaus zeigt der Dialekt Heimatverbundenheit an, wenn sie kurz vor der Flucht gemeinsam am See spazieren,

Mundart

dessen Umgebung ausführlich beschrieben wird, und eine Anekdote auf Platt teilen. Nur im Kontext der Heimat, im Angesicht der Stadt und der Umgebung, in der sie leben, macht die Anekdote, macht der Wechsel in die Mundart Sinn. Durch die Flucht verlieren sie diesen sprachlichen Bezug und damit auch ein Stück Heimat.

Motiv- und Bildebene

Auf der **Motiv- und Bildebene** sind vor allem Parallel- und Kontrastbildungen auffällig, wie etwa in den kontrastiv gesetzten Landschafts- und Bootsszenen am Beginn und am Schluss der Erzählung. Hier handelt es sich um beinahe spiegelgenaue Bildungen, wobei die Konnotationen dem Geschehen (Einführung in die Landschaft am Beginn und die bedeutungsvolle Flucht am Schluss) entsprechend gestaltet sind. Auf der einen Seite die Bootsbewegung zum Ort hin, am Tag, in der Sonne, in der Idylle und Ruhe. Auf der anderen Seite die Abfahrt vom Ort weg im Boot, um Mitternacht, im Dunkeln, bei Mondschein, in der Unruhe. Ebenso parallel sind auch die Beziehungen der Protagonisten zu ihren Eltern gestaltet. Ingrid und ihre Mutter in ihrem positiven Verhältnis stehen dabei der Konstellation von Jürgen und seiner Mutter spiegelbildlich gegenüber. Klaus´ und Jürgens Vaterbeziehungen sind ebenso parallel wie kontrastiv.

Auffällig auf der Motivebene sind ferner die „Wetterdramaturgie“, der gezielt eingesetzte Wechsel der Licht- und Sonnenverhältnisse ebenso wie des Unwetters oder der Nacht.

Es ist auffällig, dass die Natur oft personalisiert wird und so wie ein handelndes Subjekt erscheint („Wald wirft“, „Boot läuft“, „Licht bringt“). Dadurch bekommt sie einen ungewöhnlich eigenständigen Charakter und steht dem Handeln der Menschen beinahe gegenüber.

Auf einen Blick

- Die auffällige Interpunktion dient dem Ziel, das akustische Element des Textes beim Lesen hervortreten zu lassen.
- Häufige Verwendung von Parataxen, oft unklare Differenzierung zwischen Erzähltext und wörtlicher Rede.
- Besondere semantische Wortverbindungen (Metaphern, Adjektive) zur Verdichtung der sprachlichen Bilder und der Atmosphäre.
- Über Sprache als solche wird über die Figuren reflektiert. Im Zentrum steht dabei die Sprache der Politik, die als inhaltsleer und fernab der Realität gekennzeichnet wird. Die Figuren setzen ihre Sprache gezielt ein, um die Sprache der Politik zu ironisieren (Klaus) oder sich gegen sie zu wehren (Ingrids Rede).
- Mecklenburgisches Platt zeigt zum einen die Heimatverbundenheit der Figuren an und dient zum anderen der Markierung der Grenze zwischen dem öffentlichen Leben (Sprache der Politik) und dem privaten Leben (Mundart).
- Die Erzählung ist auf der Motiv- und Bildebene von Parallelkonstruktionen, Kontrastierungen und der Personalisierung der Natur gekennzeichnet.

6 Thematische Aspekte

Als grundlegender thematischer Aspekt ist zunächst die **Schule** zu nennen, die als Ort des Geschehens die Handlung entscheidend prägt. Johnson schreibt hier in der Tradition des so genannten **Schulromans**. Wichtige Vertreter des Genres sind Frank Wedekind (mit dem Drama „Frühlingserwachen", 1901) oder auch Hermann Hesse („Unterm Rad", 1906). Die enge Verbindung von Staat und Schule ist für die Autoren Anlass, Kritik an den gesellschaftlichen und politischen Verhältnissen am kleinen Modell zu üben und dabei gleichzeitig das gesamte System zu kritisieren. Im Fokus der Kritik stehen vor allem die Lehrer, die als Staatsbeamte für das oft satirisch oder ironisch überzeichnete allmächtige System und für überkommene Wertetraditionen stehen, gegen die die Schüler rebellieren. In Johnsons Roman ist diese klare Trennung nicht mehr deutlich zu erkennen. Repräsentieren die Lehrer in vielen Texten des Genres als Gesamtheit den Staat, identifizieren sie sich in Johnsons Roman nicht (mehr) mit dem Staat und verhalten sich in ihrer Rolle als Staatsbeamte teilweise indifferent (siehe Abschnitt 3 „Figurenkonstellation"). Die klare Trennung zwischen den Normen der Erwachsenenwelt und der rebellierenden Jugend ist bei Johnson aufgehoben. Damit wird die Schule als Abbild der Gesellschaft deutlich vielschichtiger dargestellt, als es im Schulroman bis dahin üblich war. Dennoch verwendet Johnson auch typische Motive des Schulromans, wie beispielsweise die das Schulleben kennzeichnenden sich wiederholenden Gegebenheiten: das Warten auf das Stundenende, die Stimmung zwischen Langeweile und Spannung, Klassenbucheinträge und die Darstellung verlorener Lebenszeit.

Schule
Schulroman

Das Wort „Reifeprüfung" im **Romantitel** hat diesem Kontext zwei Bedeutungen. Vordergründig geht es um die Reifeprüfung als Abschluss der Schulzeit, die Prüfung am Ende, die es zu bestehen gilt. Eigentlich aber verknüpft Johnson den schulischen Kontext mit einem unmittelbar politischen und lebensbezogenen Kontext, in dem die Reifeprüfung eine Prüfung der inneren und menschlichen Reife der einzelnen Figuren darstellt. So gesehen scheitern Ingrid und Klaus zwar an der schulischen Reifeprüfung, da sie zu dieser nicht zugelassen werden, bestehen aber die Prüfung zur Lebensreife, die als eigenverantwortete Lebensentscheidung und geistige Reifeprüfung verstanden werden muss. Im Hinblick auf die **politische Dimension des Romans** bestehen sie auch eine Prüfung ihres eigenen politischen Urteilsvermögens, indem sie sich nicht den auf die Schule übertragenen politischen Machtstrukturen unterwerfen, sondern diese kritisch prüfen und sich schließlich dagegen auflehnen. Die politische Situation um das Jahr 1953 findet ihren Ausdruck im Konflikt um die Junge Gemeinde, aber auch in der Organisation des Schullebens, der Arbeit der Schüler in Parteigremien, der Zugehörigkeit der Schulleitung zur SED usw.

Romantitel

Innerhalb der Erzählung (wie auch in späteren Werken Johnsons) spielen ferner die Themen **Natur und Heimat** eine wichtige Rolle. Gleich zu Beginn des Romans in der antithetischen Gegenüberstellung des „Andererseits" in der dunklen Nacht mit dem „Einerseits" am hellen Tag spielt die Natur sogar die Hauptrolle, da die Landschaft ohne die Einführung von Personen beschrieben wird. Die *Natur* erscheint „andererseits" in der Nacht dunkel und unwirtlich; auf diese Weise werden die Umstände der Flucht betont. „Einerseits" leitet die Beschreibung der Natur als freundliche, sommerliche und sonnige Umgebung am See in die rückblickende Erzählung ein, die jedoch durch menschliches Eingreifen bereits gestört wird („Durch diese freundliche weitgeschwungene Landschaft zog das Boot seinen ebenmäßigen scharfen Lärm", S. 11). Die Verbindung zur Flucht der Protagonisten wird aber auch dort hergestellt, wo Johnsons Erzählung von geflohenen Bauern berichtet, was im direkten Kontrast zu der schönen, als romantisches Landschaftsbild beschriebenen Heimat steht. Dadurch wird zugleich auch ein Gegensatz zwischen Natur und Mensch (Zivilisation) aufgezeigt. Besondere Bedeutung kommt den Motiven „Licht" und „Wind" zu. Das Sonnenlicht scheint nicht nur im sommerlichen Ort, sondern leuchtet auch gezielt das Geschehen und die Figuren aus. So beleuchtet es beispielsweise zu Beginn des Romans den Schulunterricht („Durch seine Fenster fielen breite Bahnen Sonne", S. 16). Auffällig ist auch der Lichteinfall während Ingrids Rede in der Aula, weil trotz der vorangeschrittenen Tageszeit „irgend wie […] die Fenster das Sonnenlicht in die Gegend der 11 A" werfen. Auch Ingrid wird häufig mit strahlendem Licht in Verbindung gebracht (vgl. S. 23: „aber jetzt war es doch wohl unglaublich anzusehen wie sie dastand in all dem Sonnenstaub" oder S. 39: „Die Sonne spielte mit der Bewegung der Arme, wiegte sich glänzend auf Ingrids langen Beinen"). In dieser Passage erscheint auch der Wind als Motiv der Natur in Verbindung mit Ingrid. Der Wind, das Element der Natur, erscheint in einem Bild, in dem er durch Ingrids Haare wehend Klaus liebkost und

Natur/Heimat

Ingrid damit als eins mit der Natur zeigt. Der Wind kündigt schließlich das kommende Geschehen an, wenn er langsam heftiger wird (S. 64) und schließlich in den Kapiteln 55, 57 und 59 zu einer Naturkatastrophe anschwillt. Das Motiv des Bootes und des Segelns in Bezug zu der Freundschaft der drei Protagonisten spielt hier ebenfalls eine Rolle.

Auf einen Blick

- Im Genre Schulroman mit seiner strengen Trennung zwischen autoritärer Schule und dagegen aufbegehrenden Schülern stellt Johnsons Roman eine Weiterentwicklung dar. Schon die Lehrerdarstellung zeigt, dass die politische Auseinandersetzung mit dem Staat, dem Schulträger, differenzierter ist. Dennoch finden sich auch klassische Motive des Schulromans (Langeweile, Schulstimmung, Klassenbucheinträge, verlorene Lebenszeit).
- Die im Titel genannte „Reifeprüfung" bezieht sich auch auf die in der Erzählung thematisierte Prüfung der eigenen Identität. Auf unterschiedliche Weise legen alle Figuren eine Prüfung ihrer Reife ab und bestehen diese Prüfung, wenn auch die schulische Reifeprüfung von Klaus und Ingrid nicht angetreten wird.
- Natur und Heimat spielen im Kontext des Themas Flucht eine große Rolle. Obwohl der Mensch sich als getrennt von der Natur sehen muss (Gegensatz zwischen Zivilisation und Natur), wirkt sie dennoch auf ihn ein. Ingrid und Klaus gelten dabei als eher naturverbunden und werden so auch motivisch oft mit ihr in Verbindung gesetzt (Wind/Licht). Die Flucht aus der als idyllisch geschilderten Heimat ist wegen der erdrückenden politischen Situation ein unvermeidbares Ereignis, das jedoch auch schmerzlich und ein Verlust von Familie und vertrauter Umgebung ist.

Erzählform

Der Autor wählt mit dem Erzähler auch eine bestimmte Erzählform (Er-/Sie-Erzähler oder Ich-Erzähler).

Erzählverhalten

Beim **auktorialen** Erzählverhalten hat der Erzähler einen Überblick über das Geschehen und das Innere der Figuren (allwissender Erzähler). Er kann sich einmischen, kommentieren usw. und damit die Sicht- und Wahrnehmungsweise des Erzählten durch den Leser lenken. Sein Standort liegt außerhalb des Geschehens.
Beim **personalen** Erzählverhalten übernimmt der Erzähler eine Figurenperspektive und erzählt aus deren Sicht. Er ist am Geschehen unmittelbar beteiligt.
Sowohl der Er-/Sie-Erzähler als auch der Ich-Erzähler können jeweils auktorial oder personal erzählen.
Beim **neutralen** Erzählverhalten scheint der Erzähler ganz zu verschwinden. Das Geschehen wird dem Leser scheinbar unvermittelt vor Augen gestellt.

Erzählperspektive

Die Erzählperspektive ist die Position des Erzählers (Blickwinkel) gegenüber den von ihm erzählten Geschehnissen (Nähe, Abstand/Distanz). Diese können aus der Innen- oder Außenperspektive erzählt werden.

Erzählhaltung

Die Erzählhaltung ist die Einstellung, mit der der Erzähler dem Leser die fiktionale Welt vermittelt (sachlich, ironisch, humorvoll, kritisch, melancholisch, …).
Diese wirkt sich auf die Art der Darstellung und die Sprachverwendung aus.

Darstellungsformen

Der Erzähler verfügt über unterschiedliche Darstellungsformen, um dem Leser das Geschehen zu präsentieren. Er kann selbst erzählen, oder aber er lässt seine Figuren sprechen, z. B. in direkter oder indirekter Rede, in „Erlebter Rede" oder „Innerem Monolog".

Erzähler	Figuren (Personen)
Bericht: straffe, geraffte Darstellung der Handlung in zeitlicher Abfolge	**Direkte Rede**
Beschreibung: anschauliche Darstellung z. B. von Schauplätzen, Figuren, Gegenständen	**Indirekte Rede**
Szenische Darstellung: breite Erzählweise, meistens mit erzählter Figurenrede und Entfaltung der Situation (vgl. Szene im Drama)	**Erlebte Rede:** Wiedergabe von Gedanken und Gefühlen einer Figur in der 3. Person (ohne direkte oder indirekte Rede)
Kommentar: Eingreifen des Erzählers mit Bemerkungen, Urteilen oder Überlegungen	**Innerer Monolog:** Wiedergabe von Gedanken und Gefühlen einer Figur in der 1. Person

Arbeitsschritte Interpretationsaufsatz

1. Arbeitsschritt:
Erstes Textverständnis/ Verstehenshypothese formulieren

↓

2. Arbeitsschritt:
Text aspektorientiert erschließen

↓

3. Arbeitsschritt:
These(n) zur Textdeutung formulieren

↓

4. Arbeitsschritt:
Gliederung erstellen

↓

5. Arbeitsschritt:
Klausur schreiben

↓

6. Arbeitsschritt:
Klausur überarbeiten

Spickzettel

zum Klausurtraining „Ingrid Babendererde"

Prüfungsaufgaben

- Anforderungen

„Ingrid Babendererde" – Wichtiges in aller Kürze

Analyse epischer Texte

- Erschließungsaspekte Epik
- Fachbegriffe Epik
- Arbeitsschritte Interpretationsaufsatz

Anforderungen

1 Anforderungsbereiche

Die von Ihnen erwarteten Leistungen bei der Lösung einer Prüfungsaufgabe/einer Aufgabenstellung sind in der Regel drei Anforderungsbereichen (AFB) zugeordnet.

Anforderungsbereich I (AFB I): Reproduktion

- Den Inhalt eines eher einfachen Textes oder fachlichen Sachverhalts eigenständig wiedergeben
- Textart, Aufbau und Strukturelemente eines Textes unter Verwendung fachspezifischer Begriffe (Fachbegriffe, Fachterminologie) erkennen und bestimmen
- Fachspezifische Kenntnisse und Methoden in die Darstellung einbringen
- Teilergebnisse sinnvoll ordnen und verknüpfen
- Ergebnisse sprachlich angemessen formulieren
- Richtig zitieren

Anforderungsbereich II (AFB II): Reorganisation und Transfer

- Den Inhalt eines schwierigen Textes oder Sachverhalts eigenständig zusammenfassen
- Die Struktur eines Textes erfassen
- Die Argumentation eines Textes beschreiben

Typen des Romans

Man unterscheidet die Romane teils nach Stoffen und Themen, z. B.
- Kriminalroman
- Abenteuerroman
- historischer Roman
- Künstlerroman
- Eheroman
- Bildungsroman

teils nach der Form
- Briefroman
- historischer Roman

Handlung

Der Autor gestaltet in seinem erzählenden Text einen **Stoff**, der ihm als Ausgangs- und Rohmaterial dient (geschichtlicher Stoff, Kriminalfall, Liebesgeschichte, …). Die Ereignisse „komponiert“ der Autor, d. h. er verknüpft sie zu einem sinnvollen Zusammenhang mit Anfang und Ende und sich schlüssig auseinander entwickelnden Geschehnissen. Dieses durch **Komposition** gestaltete Gesamtgeschehen nennt man **Handlung**. Von den Mythen bis zu Geschichten in Filmen haben sich in der kulturellen Entwicklung bestimmte **Handlungsmuster** herausgebildet, die Autoren aufgreifen und umgestalten (Liebestragödie, Rettung der Welt von dem Bösen, abenteuerliche Reise des Helden, Figuren in Konflikten, Road Movie, …). Sie hängen eng mit den verschiedenen **Erzählgenres** zusammen.

Man kann unterscheiden zwischen
- **Haupthandlung und Nebenhandlung(en)**
- **Rahmen- und Binnenhandlung**
- **äußerer Handlung** (äußere Ereignisse) **und innerer Handlung** (Inneres der Figuren)

Die Handlung kann strukturiert sein:
- durch die zeitliche Abfolge der Ereignisse (z. B. synchron – diachron; kontinuierlich – diskontinuierlich)

Fachbegriffe Epik

Erzähler

Der Erzähler in epischen Texten ist nicht mit dem Autor identisch. Vielmehr „erfindet“ oder „wählt“ der Autor den Erzähler (die Erzählerfigur, die Erzählform), der gleichsam zwischen Autor und Lesern vermittelt und den Lesern die „erzählte Welt“, die fiktive Geschichte mit ihren Figuren, dem Raum und der Zeit, der Handlung präsentiert. Die Präsenz und Aktivität der Erzählerrolle hängt eng zusammen mit der **Erzählstrategie**, d. h. der bewussten Verwendung der verschiedenen Gestaltungsmittel und Techniken des Erzählens.

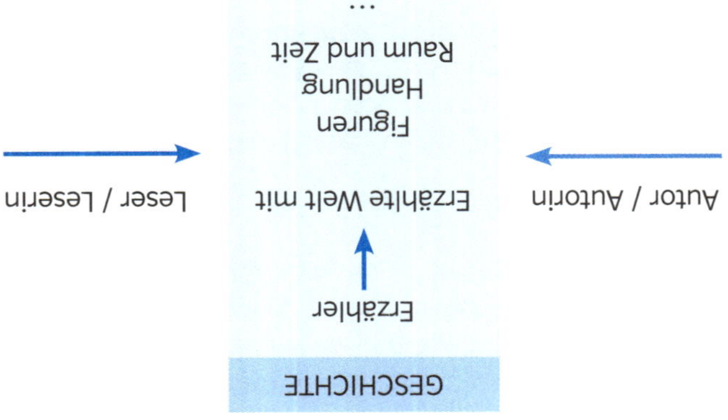

Merkmale des Romans

- eine erzählende Großform von mindestens hundert bis zu mehreren hundert Seiten, also wesentlich umfangreicher als epische Kleinformen wie z. B. Kurzgeschichte, Kalendergeschichte, Parabel, Novelle usw.
- meistens „mehrsträngige“ **Handlung**, also mehrere, miteinander verflochtene Erzählstränge mit verschiedenen Schauplätzen und Zeiten
- reichhaltige und meist durch vielfältige Beziehungen (z. B. Liebe, Neid, Eifersucht, Hass, Rachedurst, Hilfsbereitschaft, …) miteinander verknüpfte **Figuren**
- **Figurenkonstellation** oft gekennzeichnet durch Grundmuster wie z. B. den „Helden“ oder die „Mittelpunktsfigur“, „Spieler und Gegenspieler“ oder ein „Dreiecksverhältnis“
- Entfaltung eines **breiten Wirklichkeitsausschnitts**, z. B. einer bestimmten geschichtlich-gesellschaftlichen Situation, die sich in den Beziehungen der Figuren spiegelt

- Wortschatz, Satzbau und poetische Mittel eines Textes auf ihre Funktion und Wirkung hin untersuchen
- Aus dem Unterricht bekannte gestalterische Verfahren funktionsgerecht verwenden
- Aus dem Unterricht bekannte Untersuchungsmethoden auf vergleichbare neue Gegenstände anwenden
- Für eine literarische Epoche charakteristische Erscheinungen in einem Text aufzeigen

Anforderungsbereich III (AFB III): Reflexion und Problemlösung

- Intentionen und Wirkungsmöglichkeiten eines Textes ermitteln und beurteilen
- Die in einem Text vertretene Position in umfassendere theoretische Zusammenhänge einordnen
- Aus den Ergebnissen einer Textanalyse Schlüsse ziehen
- Bei gestalterischen Aufgaben selbständige und zugleich textangemessene Lösungen erarbeiten
- Die eigene Gestaltung reflektieren, erläutern und begründen
- Fachspezifische Sachverhalte begründet werten und einen Standpunkt argumentativ vertreten
- Hypothesen aufstellen und überprüfen
- Eine eigene Konzeption für die Bearbeitung einer komplexen Aufgabe entwickeln

Erschließungsaspekte Epik

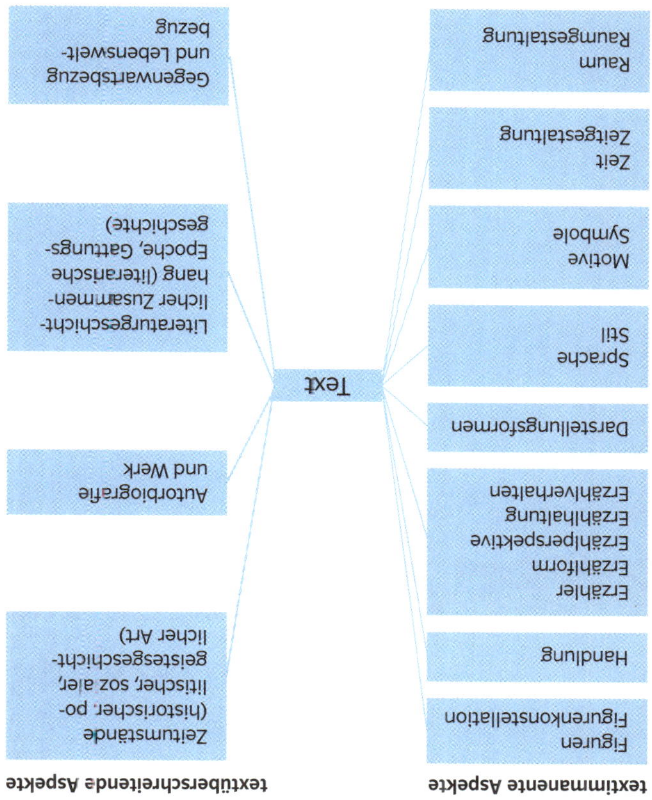

- durch die Handlungsstränge (einsträngig/linear – mehrsträngig, verflochten)
- durch ein oder mehrere Motive (wiederkehrende thematische Elemente)
- andere erkennbare formale Strukturen (Spiegelungen, Kreisform, Simultaneität, montagehaft, multiperspektivisch, …)

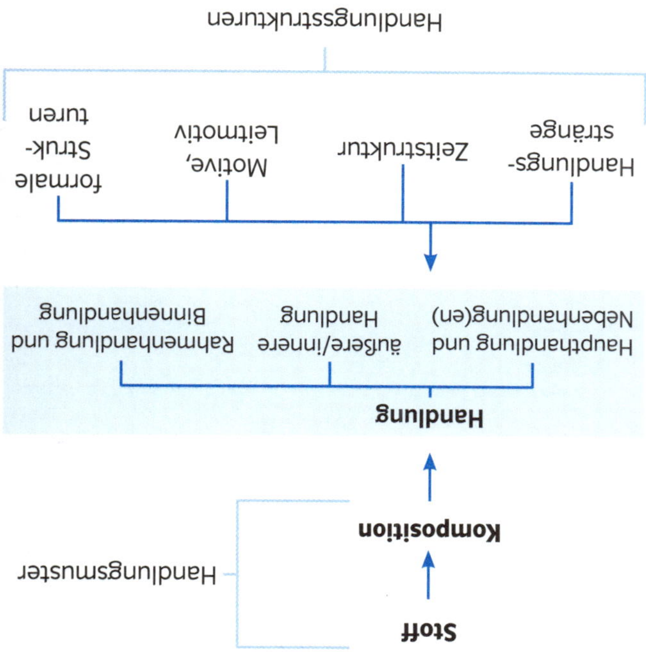

Spickzettel

zum Klausurtraining „Ingrid Babendererde“

„Ingrid Babendererde“ – Wichtiges in aller Kürze

Epische Genres

Der Autor wählt mit dem Erzähler auch die epische Form oder die **Erzählgattung**, in der er das Geschehen präsentieren will, z. B.

- Roman
- Novelle
- Parabel
- Kurzgeschichte

Diese Formen unterscheiden sich nach Länge, Struktur, typischer Thematik und epochenspezifischer Verbreitung. So entstand z. B. der Typ des „Bildungsromans“ im 18. Jahrhundert, die Novelle hatte im 19. Jahrhundert (Realismus) einen Höhepunkt, die Kurzgeschichte wurde in Deutschland erst nach dem 2. Weltkrieg verbreitet.

Spickzettel

zum Klausurtraining „Ingrid Babendererde“

Analyse epischer Texte

Figuren

Der Erzähler kann seine Figuren (Personen) auf vielfältige Weise gestalten, er kann sie z. B. **direkt** charakterisieren (beschreibend oder wertend) oder eine Figur eine andere (direkt) charakterisieren lassen; er kann sie auch **indirekt** charakterisieren, so dass sich der Leser/die Leserin aus dem Verhalten und den Äußerungen der Figur selbst ein Bild von dessen Charakter machen muss. Der Gestaltung einer Figur liegt eine bestimmte **Figurenkonzeption** zugrunde: Figuren können gestaltet sein als Typen, individuelle Charaktere, statisch oder dynamisch (Entwicklung) etc.

direktes Charakterisieren einer Figur	durch den Erzähler durch eine andere Figur durch die Figur selbst
indirektes Charakterisieren einer Figur	durch die Art der Darstellung, aus der der Leser Rückschlüsse auf Eigenschaften etc. der Figur zieht

Aspekte der Charakterisierung können sein:

das äußere Erscheinungsbild	Alter, Aussehen, Kleidung, …
das äußere Verhalten	Sprechweise, Mimik und Gestik, Gebärdensprache, Handeln, …
die innere Einstellung	Interessen, Absichten, Gedanken, Gefühle, …
die Lebensumstände	das gesellschaftliche Umfeld, Beruf, ökonomische Lage, …

Raum/Raumgestaltung

Der Erzähler kann den Schauplatz oder „Raum" der Handlung gestalten, je nachdem, welche Bedeutung und Funktion er haben soll. Man kann Grundfunktionen der Schauplatzgestaltung unterscheiden:

Schauplatz, Ort	der Schauplatz der Handlung an sich kann bedeutungskonstituierend sein (Innenraum, öffentlicher Raum, Außenwelt, …); die einfache Beschreibung des Ortes kann bereits Aufschluss über Figurenkonstellationen oder Handlungszusammenhänge geben
Ambiente	die soziale Umwelt als Ausdruck des gesellschaftlichen Lebensstils einer Figur; Widerspiegelung der gesellschaftlichen Umwelt der Figur, z. B. bei Kleidung, Wohnung, Haltung, …
Soziales Milieu	die soziale Umwelt in ihrer Funktion als kausal-determinierendes Milieu, das die Figur in ihrem Denken, Fühlen, Handeln, Sprechen prägt
Stimmungsraum	die Unterstreichung des Gemütszustandes einer Figur durch eine bestimmte Atmosphäre, z. B. Gewitterschwüle (kurz vor einer emotionalen Eruption der Figur), Sonnenschein (Heiterkeit und Gelassenheit der Figur), Regen (Traurigkeit der Figur)
Symbolischer Raum	die Verdichtung der gesamten Thematik, z. B. eines Romans, in anschaulichen, bedeutsamen Bildern (Symbolen) mit Verweisfunktion

Wichtiges in aller Kürze – Uwe Johnson „Ingrid Babendererde. Reifeprüfung 1953"

Entstehung, Inhalt und Aufbau

Johnson suchte für sein Erstlingswerk, das während seiner Studienzeit in Rostock von 1953 bis 1956 entstanden ist und Themen und Motive des klassischen Schulromans aufgreift und weiterentwickelt, in Ost- und Westdeutschland vergeblich einen Verlag; publiziert wurde „Ingrid Babendererde. Reifeprüfung 1953" erst 1985 im westdeutschen Suhrkamp Verlag, ein Jahr nach seinem Tod. Geschildert werden die politischen und gesellschaftlichen Entwicklungen im Vorfeld des 17. Juni 1953 – gespiegelt im Alltag einer Abiturklasse einer fiktiven mecklenburgischen Kleinstadt. In die Idylle einer scheinbar heilen Welt, in der die Protagonisten Ingrid und Klaus ihre erste Liebe erleben, bricht der Konflikt zwischen der christlichen Jungen Gemeinde und der FDJ ein, der schließlich dazu führt, dass sich das Paar für die Flucht in den Westen entscheidet. Die Geschichte – erzählt aus der Perspektive der Hauptfiguren nach ihrer Flucht – weist eine komplexe, von Vorausblenden und inhaltlichen Vorwegnahmen geprägte Struktur auf, die sich in der Gegenüberstellung von „Andererseits" und „Einerseits" manifestiert. Dieser Gegensatz findet sich auf allen thematischen Ebenen des Romans wieder, er wird im Spannungsverhältnis von Ost und West, Natur

Sprache und Stil

Auffällig sind zum einen grammatische, syntaktische und semantische Merkmale, die etwa in der Verwendung nicht regelgerechter Kommasetzung, der Aufhebung der Trennung von Personenrede und Erzähltext oder mit ungewöhnlichen Neologismen den gewohnten Lesefluss unterbrechen und so die Aufmerksamkeit für das Gesagte und seine formale Grenzen überschreitenden inhaltlichen Zusammenhänge steigert. Zum anderen spielt die mecklenburgische Mundart als Signal für einen freundschaftlichen, vertrauten Umgang eine wichtige Rolle. In Abgrenzung zum offiziellen politischen Sprachgebrauch, der die Kommunikation in der Schule bestimmt, steht der Dialekt sowohl für Heimatverbundenheit als auch für den Widerstand gegenüber der Vereinnahmung durch die Obrigkeit.

Motive

Charakteristisch für die Motivebene sind die Personifikationen der Natur, die auf diese Weise den Menschen wie ein handelndes Subjekt gegenübertritt, und die Parallel- und Kontrastbildungen, in denen sich das Geschehen als Bewegung zwischen gegensätzlichen Polen spiegelt. Auch die Wetterdramaturgie dient als Signal für Veränderungen und Umbrüche auf der Ebene der Handlung.

Figurenkonstellation

Der Erzähler plant auch die Beziehungen zwischen den Figuren sorgfältig, so dass man diese in einem Figurenkonstellationsschema abbilden kann. Es gibt **Haupt- und Nebenfiguren**. Dabei kommen Grundkonstellationen immer wieder vor:

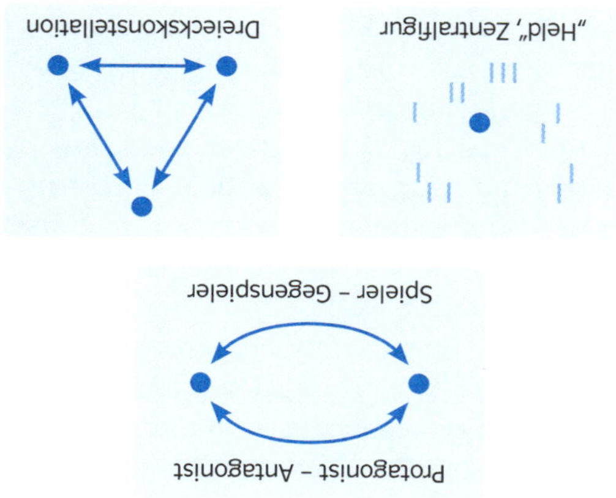

und Zivilisation, Lehrern und Schülern, Angepassten und Kritikern des Regimes sowie in den Geschehnissen vor und hinter der Grenze entfaltet.

Bezüge zu Johnsons Biografie

Ingrids mutige Rede für die Meinungsfreiheit in einem schulischen Umfeld, in dem deutlich wird, dass in einem festen Gefüge unveränderlicher Machtstrukturen und totalitärer Kontrollmechanismen eine konstruktive kritische Auseinandersetzung mit der in der DDR etablierten sozialistischen Gesellschaftsform nicht möglich ist, bildet nicht nur den Kern der Erzählung, sondern findet auch ihren Bezugspunkt in Johnsons Biografie: Als Student weigerte Johnson sich am 5. Mai 1953, in einer Rede öffentlich gegen die Junge Gemeinde Stellung zu beziehen. Wegen seines Verhaltens stand er kurz vor der Exmatrikulation.

Figurenkonstellation

Im Mittelpunkt der Handlung steht die Dreierkonstellation der nicht zuletzt durch das gemeinsame Segeln verbundenen Freunde Ingrid, Klaus und Jürgen. Klaus, dessen Vater im Widerstand gegen die Nationalsozialisten getötet wurde, nimmt in der sowohl den Schulalltag als auch Teile der Freizeit der Freunde bestimmenden Frage nach der besten Gesellschaftsform eine ironisch-distanzierte Haltung ein. Jürgen ist als Mitglied der FDJ politisch engagiert und tritt zunächst für den Sozialismus ein,

nähert sich aber im Verlauf der Handlung der Position von Jürgen an. Ingrid ist mit Klaus in einer Liebesbeziehung; ihre mutige Rede vor der Schulversammlung führt schließlich zur Flucht nach West-Berlin.
Einen weiteren wichtigen Part in der Figurenkonstellation nimmt die Gruppe der Lehrer ein, in der sich in Machtkämpfen Vertreter bürgerlicher Wertvorstellungen und Anhänger des Sozialismus gegenüberstehen. Der Schulalltag erscheint so als Spiegel einer Gesellschaft, in der ein alles durchdringender Machtapparat jede lebendige Diskussion im Keim erstickt und Jugendliche zu widerspruchsloser Gruppenkonformität zwingt.

Erzählperspektive

Der Erzähler vermittelt das Geschehen multiperspektivisch. Er greift auffällig in die Erzählung ein und berichtet zum einen aus der Er-Perspektive, bei der er auf der Ebene der Schüler zu stehen scheint, zum anderen jedoch auch mit deutlichen auktorialen Elementen, die über das Figurenerleben hinausgehen. Als Er-Erzähler hat er keine eigene Personalität, eine konkrete Situation seines Erzählens kann nicht erfasst werden. Dennoch ist deutlich erkennbar, dass er die Perspektive der Schüler einnimmt und in seinen Kommentaren ebenso wie in seiner Perspektive auf das Geschehen parteiisch zu ihnen hält. Gleichzeitig überschreitet er das Wissen der Figuren.

Zeit/Zeitgestaltung

Der Erzähler kann die Zeit unterschiedlich gestalten.
Dabei ist zu unterscheiden zwischen **erzählter Zeit**, also der Zeit, über die sich das erzählte Geschehen erstreckt, und der **Erzählzeit**, also der Zeit, die man zum Erzählen oder Vortragen bzw. zum Lesen braucht.
Der Erzähler kann die erzählte Zeit raffen **(Zeitraffung)**, dehnen **(Zeitdehnung)** oder Deckungsgleichheit zwischen Erzählzeit und erzählter Zeit herstellen **(Zeitdeckung)**.
Er kann auch zeitneutral erzählen (z. B. beim Beschreiben oder beim Erzählerkommentar), er kann in der Zeit springen (Zeitsprung), er kann zurückspringen (Rückblende) oder auf Künftiges vorausdeuten (Vorausdeutung).
Mit der Art der erzählerischen Zeitbehandlung korrelieren die Darstellungsformen. So wird z. B. im Erzählerbericht das Geschehen gerafft, die Erzählzeit ist also kürzer als die erzählte Zeit. Bei der szenischen Darstellung entsprechen sich in der Regel Erzählzeit und erzählte Zeit, es herrscht also Zeitdeckung. Zeitdehnung kann z. B. bei langen Figurenmonologen (z. B. beim Inneren Monolog) vorkommen.
Wenn man, z. B. in einem Roman, Erzählzeit und erzählte Zeit in Zusammenhang bringt, bekommt man eine „Erzählkurve", die die Zeitgestaltung anzeigt.

erzählte Zeit	Erzählzeit
Der Zeitraum, über den sich das erzählte Geschehen erstreckt, markiert durch Anfang und Ende der Geschichte	Die Zeit, die man zum Erzählen oder Vortragen bzw. zum Lesen der erzählten Geschichte braucht

Zeitgestaltung	Darbietungsform	Verhältnis von Erzählzeit und erzählter Zeit
Zeitraffendes Erzählen	Erzählerbericht	Erzählzeit < erzählte Zeit
Zeitdeckendes Erzählen	Szenische Darstellung	Erzählzeit = erzählte Zeit
	Erzählerkommentar, Erzählerreflexion	Erzählzeit - - -
Zeitdehnendes Erzählen	Innerer Monolog, Bewusstseinsstrom	Erzählzeit > erzählte Zeit